JOHANNA TRINIDAD

REISEFÜHRER

SEYCHELLEN

MAHÉ, PRASLIN und LA DIGUE auf eigene Faust erkunden

Dein individueller Travel Guide mit
Insider-Tipps zu Stränden, Wanderungen
und kulinarischen Entdeckungen

INHALT

REISEZIEL SEYCHELLEN

DAS ABENTEUER BEGINNT

MAHÉ

PRASLIN

LA DIGUE

Anse Source d'Argent

REISEZIEL SEYCHELLEN

Du hast dieses Buch sicher nicht ohne Grund aufgeschlagen. Vermutlich hast du dir die Seychellen als eines deiner nächsten Urlaubsziele ausgesucht und nun geht es mit der Reiseplanung ans Eingemachte. Du weißt längst, dass dich in diesem Tropenparadies traumhafte Sandstrände und ein Meer erwartet, das in solch intensivem Türkis schimmert, wie du es nur von Bildschirmschonern oder Hochglanzmagazinen kennst.

In diesem Kapitel wollen wir tiefer graben: Die Seychellen sind mehr als nur Postkartenidylle. Auf den nächsten Seiten erfährst du, ob das Inselparadies wirklich so sündhaft teuer ist, wie viele behaupten, und bekommst einen authentischen Blick darauf, wie Land und Leute ticken.

Also schnapp dir deine Abenteuerlust – und los geht's!

INDISCHER
OZEAN
North Island
Silhouette
Mamelles
MAHÉ
Sainte Anne
Sèche
Round
Moyenne
Long
Cerf
Anonyme
Conception
Therese

- **Einwohner:** ca. 120 000
- **Landfläche:** 455 km²
- **Hauptstadt:** Victoria
- **Anzahl der Inseln:** 115
- **Hauptinseln:**
  Mahé (155 km²)
  Praslin (38 km²)
  La Digue (10 km²)
- **Sprachen:**
  Kreolisch, Französisch, Englisch
- **Währung:**
  Seychellen-Rupie (1 € ≈ 16 SCR; 1 SCR ≈ 0,06 €)
- **Religionen:**
  römisch-katholisches Christentum (ca. 70 %)
  anglikanische Kirche (ca. 6 %)
  Hinduismus (ca. 6 %)
  Islam (ca. 3 %)
- **Zeitverschiebung:**
  +2 Stunden (Sommerzeit)
  +3 Stunden (Winterzeit)
- **Wichtigste Wirtschaftszweige:**
  Tourismus, Fischerei, Landwirtschaft

EIN BISSCHEN GESCHICHTE

Um die einzigartige Kultur der Seychellen – geprägt von afrikanischen, europäischen und asiatischen Einflüssen – wirklich zu verstehen, lohnt sich ein Blick in ihre bewegte Geschichte. Ihre Vergangenheit als Handelsknotenpunkt und Kolonie erklärt, wie sich Traditionen und Gemeinschaften hier zu dem vielfältigen Mosaik vereinten, das du heute vorfindest.

Vermutlich waren es arabische Seefahrer im 7. Jahrhundert, die als Erste einen Fuß auf die Seychellen setzten. Als Anfang des 16. Jahrhunderts portugiesische Schiffe – und somit erstmals europäische Seefahrer – an der Küste der Seychellen vor Anker gingen, waren die Inseln mit hoher Wahrscheinlichkeit noch unbewohnt. Die Portugiesen schienen damals kein großes

Sainte Anne – die Heimat der ersten Siedler

Interesse an der Inselgruppe zu haben, sondern nutzten den Archipel lediglich für kurze Aufenthalte während ihrer Handelsfahrten durch den Indischen Ozean.

Im Jahr 1742 verschlug es die Franzosen auf die Seychellen, die das Gebiet nach einigen Erkundungstouren rund ein Jahrzehnt später zu ihrem Hoheitsgebiet erklärten. Namensgeber des neuen Territorialbesitzes war der damalige Finanzminister Jean Moreau de Séchelles. Die ersten französischen Siedler ließen sich 1770 auf der kleinen Insel Sainte Anne an der Ostküste von Mahé nieder. Nach und nach begannen die Franzosen mit dem Aufbau der ersten Plantagen, die von afrikanischen Sklaven bewirtschaftet wurden. Anfangs wurde hauptsächlich Zimt angebaut, später folgten Zuckerrohr und Kokosnüsse.

Ende des 18. Jahrhunderts begannen auch die Briten, sich für die Seychellen zu interessieren. Daraufhin folgte ein jahrelanges Tauziehen um die koloniale Vorherrschaft zwischen Briten und Franzosen. Nach den Napoleonischen Kriegen und mit der Unterzeichnung des Vertrags von Paris gingen die Seychellen im Jahr 1814 schließlich an Großbritannien über. Die Briten schafften die Sklaverei ab und trieben die Wirtschaft des Landes durch den Ausbau der Plantagenbewirtschaftung maßgeblich voran. In dieser Zeit kamen vermehrt indische und madagassische Einwanderer auf die Seychellen, die als Vertragsarbeiter zur Bewirtschaftung der Plantagen eingesetzt wurden.

Mitte des 20. Jahrhunderts begann sich in der Bevölkerung der Wunsch nach einer nationalen Identität zu regen. Im Jahr 1976 erlangten die Seychellen schließlich ihre Unabhängigkeit von Großbritannien. Heute ist der Inselstaat eine präsidentielle Republik, wodurch der vom Volk gewählte Präsident gleichzeitig die Rolle des Staatsoberhauptes und des Regierungschefs einnimmt. Die Seychellen sind Mitglied im Commonwealth of Nations.

LAND UND LEUTE

Die Seychellen sind eine Inselgruppe im Indischen Ozean mit 115 Inseln, von denen nur rund dreißig bewohnt sind. Geografisch lassen sich die Seychellen in die Inner Islands und die Outer Islands unterteilen. Während sich die Inner Islands um die Hauptinseln Mahé, Praslin und La Digue gruppieren, erstrecken sich die größtenteils unbewohnten Outer Islands über eine weitläufige Meeresfläche von mehreren Tausend Quadratkilometern.

Anse Cocos, La Digue

Auf den Seychellen leben rund 120 000 Einwohner, davon etwa 90 % auf Mahé. Die Lebenskultur der einheimischen Bevölkerung wurde hauptsächlich von französischen, britischen, afrikanischen und indischen Einflüssen geprägt. Viele Seychellois – so werden die Einwohner der Seychellen genannt – haben französische oder afrikanische Vorfahren, die während der Kolonialzeit entweder als Siedler oder Sklaven auf die Inseln kamen. Im 18. und 19. Jahrhundert ließen sich auch britische, indische, chinesische und madagassische Einwanderer auf den Seychellen nieder und prägten die Kultur des Landes.

Auf den Seychellen wird Kreolisch, Französisch und Englisch gesprochen. Die am weitesten verbreitete Religionsgemeinschaft ist das römisch-katholische Christentum. Der Tourismus ist der bedeutendste Wirtschaftszweig der Seychellen, gefolgt von Fischerei und Landwirtschaft.

Anse Lazio, Praslin

TYPISCH SEYCHELLEN

STRÄNDE

Die Seychellen sind bekannt für ihre feinen Sandstrände, die von majestätischen Palmen, beeindruckenden Granitfelsen und dem kristallklaren Wasser des Indischen Ozeans umrahmt werden. Zu den bekanntesten Stränden der Seychellen zählen die Anse Source d'Argent auf La Digue, die Anse Lazio auf Praslin und der Beau Vallon auf Mahé.

Zwar kann der Wellengang je nach Jahreszeit variieren, dafür sind die Wassertemperaturen über das ganze Jahr hinweg angenehm warm. Zur Zeit des Südostmonsuns, von Mai bis Oktober, treten an den Süd- und Ostküsten stärkere Wellen und Strömungen auf. In diesen Monaten eignen sich die Strände im Norden und Westen besser zum Baden. Während des Nordwestmonsuns, in den Monaten von November bis April, ist das Meer an den Nord- und Westküsten unruhiger, wenngleich der Wind nicht so stark weht wie während des Südostmonsuns. Ein vorgelagertes Riff kann die Wucht der Brandung reduzieren. Daher ist das Meer an Stränden mit einem vorgelagerten Riff tendenziell ruhiger und weist weniger Strömungen auf. Solche Strände sind dementsprechend besser geeignet zum Baden und Schnorcheln.

Durch die Monsunwinde kann verstärkt Seegras angespült werden. Seegras an den Stränden ist zwar kein optisches Highlight, dient aber vielen Meeresbewohnern als Lebensraum und trägt zur Verbesserung der Wasserqualität bei.

Die meisten Strände auf den Seychellen können von der Öffentlichkeit genutzt werden. Dazu zählen auch Strände, die nur über eine Hotelanlage zugänglich sind, wie die Petite Anse auf Mahé oder die Anse Georgette auf Praslin. Um Zugang zum Strand zu erhalten, müssen Besucher sich vorher beim jeweiligen Hotel anmelden. Ausnahmen bilden Strände auf Privatinseln mit exklusiven Resorts, wie North Island oder Round Island. Diese Strände sind ausschließlich den Gästen des jeweiligen Resorts vorbehalten. Auch in Naturschutzgebieten oder Nationalparks kann es Zugangsbeschränkungen für die dortigen Strände geben.

COCO DE MER

Der Samen der Seychellenpalme, besser bekannt als Coco de Mer, ist das Wahrzeichen der Seychellen. Die Pflanze wächst nur auf den Seychellen und hat ihre natürliche Umgebung auf den Inseln Praslin und Curieuse. Die Hauptpopulation dieser seltenen Pflanzenart befindet sich auf Praslin und dort vor allem im Nationalpark Vallée de

Mai und im benachbarten Fond Ferdinand. Auch auf der Insel Curieuse wachsen etliche Coco-de-Mer-Palmen in freier Natur. Einige weitere, jedoch nicht natürlich gewachsene Exemplare gibt es unter anderem im National Botanical Garden in Victoria, im Jardin du Roi auf Mahé und im Jardin Marron auf Silhouette.

Nur die weiblichen Coco-de-Mer-Palmen tragen die berühmte Riesennuss, die männlichen Exemplare bilden keine Früchte aus und sind an den länglichen Blütenständen erkennbar. Die Bestäubung der weiblichen Blüten durch männliche Blütenpollen erfolgt durch den Wind oder kleine Tiere. Etwa sieben Jahre nach der Bestäubung ist eine Coco-de-Mer-Frucht erntereif. Eine ausgereifte Frucht – mit Schale, Samen und Fruchtfleisch – kann über 40 kg schwer und 50 cm lang werden. Hinter der dicken Schale verbirgt sich der Samen der Coco de Mer, der umgangssprachlich auch als Nuss bezeichnet wird. Dieser erinnert in seiner Form an ein weibliches Becken und weist ein Gewicht von rund 20 kg auf.

Die Anzahl der jährlichen Verkäufe von Coco-de-Mer-Samen an Touristen ist stark reglementiert. Die Preise für einen präparierten und ausgehöhlten

Samen liegen zwischen 300 € und 800 €, je nach Größe und Qualität. Eine Ausfuhr ist nur mit einem speziellen Exportzertifikat erlaubt. Zu kaufen gibt es die Coco de Mer unter anderem im Souvenirladen des Vallée-de-Mai-Besucherzentrums auf Praslin, in der Zentrale der Seychelles Island Foundation in Victoria oder im Coco de Mer Collection Shop an der Ostküste von Mahé.

ALDABRA-RIESEN-SCHILDKRÖTEN

Während deines Urlaubs wirst du mit sehr hoher Wahrscheinlichkeit auf eine Aldabra-Riesenschildkröte treffen. Männliche Exemplare werden im Durchschnitt 110 cm lang und um die 200 kg schwer, Weibchen sind deutlich kleiner und leichter. Schildkrötenmännchen erkennst du an ihrem nach innen gebogenen Bauchpanzer und dem langen Schwanz. Weibchen haben einen flachen Bauchpanzer und einen kürzeren Schwanz.

Die zutraulichen Riesen können locker über hundert Jahre alt werden und ernähren sich rein pflanzlich von Gräsern, Blättern oder Früchten. Dabei besitzen sie die Fähigkeit, ihren Stoffwechsel auf ein Minimum herunterzufahren, sodass sie, wenn nötig, mehrere Wochen ohne jegliche Nahrungs- oder Wasseraufnahme überleben könnten.

Auf den Seychellen sind rund 150 000 Exemplare beheimatet; davon lebt ein Großteil auf dem abgelegenen Aldabra-Atoll. Doch auch auf den drei Hauptinseln sowie den nahegelegenen Nachbarinseln gibt es viele Möglichkeiten, den sanften Tieren zu begegnen.

Auf Mahé kannst du die Schildkröten im National Botanical Garden in Victoria bewundern. Zwei weitere Exemplare befinden sich im Garten der Trois Frères Distillery, die das beliebteste alkoholische Getränk der Seychellen „Takamaka" herstellt. Auf den benachbarten Inseln Moyenne und Silhouette gibt es zahlreiche weitere Riesenschildkröten.

Auf La Digue ist die Wahrscheinlichkeit besonders hoch, auf eine freilebende Riesenschildkröte zu treffen. Vor allem an der Anse Severe und an der Anse Banane werden immer mal wieder Riesenschildkröten gesichtet. Im L'Union Estate Park gibt es ein Gehege mit mehreren Riesenschildkröten.

Ein Erlebnis der besonderen Art ist ein Bootsausflug auf die Insel Curieuse. Die kleine Insel liegt 1 km nördlich von Praslin und beherbergt die Giant Tortoise Farm mit rund 200 Tieren, die sich dort frei bewegen können.

10 GUTE GRÜNDE FÜR EINE REISE AUF DIE SEYCHELLEN

Egal, ob du von unberührten Traumstränden, faszinierenden Naturwundern oder authentischen Kulturerlebnissen träumst – die Seychellen erfüllen all diese Wünsche und noch viele mehr. Im Folgenden findest du zehn gute Gründe, warum sich eine Reise auf dieses tropische Inselparadies mehr als lohnt.

1. BILDERBUCHSTRÄNDE – FAST FÜR DICH ALLEIN

Schneeweißer Sand, kristallklares Wasser und häufig menschenleere Buchten machen das Stranderlebnis auf den Seychellen einzigartig – und da der Naturschutz auf den Seychellen einen besonderen Stellenwert genießt, sind die meisten Strände bemerkenswert sauber.

2. EXKLUSIVES NATURWUNDER: DIE COCO DE MER

Die Coco-de-Mer-Palme trägt den größten Samen der Welt und gedeiht in freier Natur ausschließlich auf den Seychellen.

3. BEGEGNUNG MIT ALDABRA-RIESENSCHILDKRÖTEN

Auf den Inseln streifen zahlreiche Exemplare dieser urigen Giganten frei umher. Die Chance, ihnen hautnah zu begegnen, ist ausgesprochen hoch.

4. WO VIELFALT ZUM ALLTAG GEHÖRT

Französische, britische, afrikanische und indische Einflüsse verschmelzen zu einer lebendigen kreolischen Kultur, die sich in Sprache, Küche und Architektur widerspiegelt.

5. MIT DEM SCHNORCHEL AUF FISCHSAFARI

Bereits beim Schnorcheln in Strandnähe wirst du auf viele bunte Meeresbewohner treffen. Ein besonderes Erlebnis sind Schnorchelausflüge mit dem Boot.

6. DAS GANZE JAHR IM SOMMERMODUS

Auf den Seychellen herrschen ganzjährig angenehm tropische Temperaturen – das perfekte Wetter für Erholung unter Palmen, aber auch für abenteuerliche Ausflüge in die Natur.

7. SORGLOS ENTSPANNEN IM PARADIES

Den Sicherheitsgang kannst du auf den Seychellen getrost zurückschalten, denn der Inselarchipel gilt als sicheres Urlaubsland mit einer niedrigen Kriminalitätsrate.

8. INDIVIDUELL ENTDECKEN LEICHT GEMACHT

Aufgrund der überschaubaren Landesfläche und der gut ausgebauten Infrastruktur lassen sich die Hauptinseln bestens auf eigene Faust erkunden.

9. TRAUMREISE OHNE JETLAG

Deinen Urlaub auf den Seychellen kannst du komplett ohne Jetlag genießen. Die Zeitverschiebung zu Deutschland beträgt im Sommer lediglich +2 Stunden und im Winter +3 Stunden.

10. NATURERLEBNISSE, DIE BEGEISTERN

Auf den Seychellen gibt es zahlreiche Nationalparks, darunter den Praslin National Park mit dem UNESCO-Weltnaturerbe Vallée de Mai und den Sainte Anne Marine National Park vor der Ostküste von Mahé. Egal ob an Land oder unter Wasser – es gibt viel zu entdecken!

INDIVIDUELL UNTERWEGS AUF DEN SEYCHELLEN

Türkisblaues Meer, so weit das Auge reicht, atemberaubende Sandstrände und beeindruckende Felsformationen – für viele sind die Seychellen das Sehnsuchtsziel schlechthin. Das tropische Inselparadies überzeugt durch eine faszinierende Naturkulisse und garantiert unvergessliche Erlebnisse, Entspannung sowie ungestörte Zweisamkeit. Natürlich können die Seychellen auch im Rahmen eines organisierten Pauschalurlaubs bereist werden, doch die spannendsten Abenteuer erlebst du, wenn du die Inseln auf eigene Faust erkundest.

Die meisten Urlauber zieht es auf die Inseln Mahé, Praslin und La Digue. Die drei Hauptinseln liegen nahe beieinander und sind dank regelmäßiger Fähr- und Flugverbindungen komfortabel erreichbar. Jede dieser Inseln bietet zahlreiche Sehenswürdigkeiten und eine gut ausgebaute Infrastruktur, die es Individualreisenden besonders einfach macht, sie selbstständig zu entdecken. Mahé und Praslin erkundest du am flexibelsten mit einem Mietwagen; alternativ kannst du – wenngleich weniger spontan – auf das öffentliche Bussystem zurückgreifen. Auf La Digue wiederum ist das Fahrrad das Fortbewegungsmittel Nummer eins.

Die Bandbreite der Unterkünfte reicht von günstigen Gästehäusern bis zu luxuriösen Resorts. Die größte Auswahl findest du auf Mahé, während Praslin neben einigen Resorts eher kleine bis mittelgroße Unterkünfte bietet. Auf La Digue ist das Angebot noch überschaubarer: Klassische Hotels gibt es nur wenige, dafür umso mehr charmante Gästehäuser und Ferienwohnungen. An dieser Stelle sei der Hinweis gestattet, dass in diesem Reiseführer bewusst auf Hotelempfehlungen verzichtet wurde. Passgenauere Ergebnisse erhältst du ohnehin über gängige Buchungsportale und die Hotelwebseiten selbst.

Auch in puncto Sicherheit können Individualreisende beru-

higt sein. Die Seychellen gelten als politisch stabile und sichere Urlaubsdestination. Die Seychellois sind meist freundlich, gut gelaunt und hilfsbereit. Mit Englisch kommst du problemlos zurecht; Französischkenntnisse sind nützlich, aber nicht zwingend erforderlich.

TOURISMUS

Die drei Hauptinseln Mahé, Praslin und La Digue sind aufgrund ihrer gut ausgebauten verkehrstechnischen und touristischen Infrastrukturen die beliebtesten Destinationen für viele Seychellen-Urlauber. Auf diesen drei Inseln befinden sich die meisten Unterkünfte und das beste gastronomische Angebot. Vereinzelt gibt es auch Hotels auf kleineren Inseln, diese bewegen sich jedoch meistens im hochpreisigen Segment.

Das National Bureau of Statistics verzeichnete im Jahr 2024 über 350 000 Besucher auf den Seychellen. Mit einem Anteil von 16 % kamen die meisten Touristen aus Deutschland, gefolgt von Frankreich (12 %) und Russland (10 %). Etwa 7 % aller Touristen waren Hochzeits- oder Flitterwochenreisende. Die meisten Besucher kamen im ersten und vierten Quartal auf die Seychellen. Die Monate mit den höchsten Besucherzahlen waren März und Oktober.

Zur Förderung eines nachhaltigen Tourismus wird seit August 2023 eine Umweltabgabe erhoben, deren Höhe sich nach Art und Größe der gebuchten Unterkunft orientiert und vor Ort in Seychellen-Rupien zu entrichten ist:

- 25 SCR (ca. 2 €) pro Person und Nacht für Unterkünfte mit bis zu 24 Zimmern
- 75 SCR (ca. 5 €) pro Person und Nacht für Unterkünfte mit 25 bis 50 Zimmern
- 100 SCR (ca. 6 €) pro Person und Nacht für Unterkünfte mit mehr als 51 Zimmern, Yachten und Inselresorts

Die Einnahmen aus der Umweltabgabe sollen Umweltschutzprojekten zugutekommen.

REISEBUDGET

SIND DIE SEYCHELLEN WIRKLICH SO TEUER?

Im Vergleich zu vielen anderen Urlaubszielen liegt das Preisniveau auf den Seychellen tendenziell höher. Aufgrund ihrer abgelegenen Lage, der geringen Landfläche und der begrenzten natürlichen Ressourcen müssen zahlreiche Produkte importiert werden. Das knappe Angebot und die hohen Transportkosten schlagen sich entsprechend im Preisniveau für Waren und touristische Dienstleistungen nieder.

Den Seychellen haftet daher das Image eines Reiseziels für Gutbetuchte an. Und in der Tat können die Kosten für einen Restaurantbesuch oder eine Taxifahrt höher ausfallen, als du es von zu Hause gewohnt bist. Dennoch solltest du deine Urlaubsträume nicht vorschnell begraben, denn auch mit einem überschaubaren Budget lässt sich das Inselparadies genießen.

Eine bewährte Sparoption sind die zahlreichen Takeaways. An den kleinen Essensständen bekommst du authentische kreolische Gerichte zu kleinen Preisen – beliebt bei Einheimischen wie Besuchern gleichermaßen.

Kreolisches Fisch-Curry

Auch beim Thema Unterkünfte wird oft angenommen, dass sich diese nur die gut verdienende Oberschicht leisten könne. Das mag bei einigen Hotels sicherlich der Fall sein, doch – wie in anderen Ländern auch – reicht die Angebotsspanne von günstigen Gästehäusern über mittelpreisige 4-Sterne-Hotels bis hin zu exklusiven und dementsprechend hochpreisigen Luxusresorts. Auch auf den Seychellen gibt es somit für jedes Budget die passende Unterkunft.

WÄHRUNG

Das lokale Zahlungsmittel der Seychellen ist die Seychellen-Rupie, die entweder mit SCR oder SR abgekürzt wird. 1 € entspricht in etwa 16 SCR bzw. 1 SCR entspricht ungefähr 0,06 €.

Die Seychellen-Rupie ist wie folgt gestückelt:

- Cent-Münzen: 1, 5, 10, 25
- Rupien-Münzen: 1, 5, 10
- Scheine: 25, 50, 100, 500

Falls du bereits vor dem Abflug Euro in Seychellen-Rupien wechseln möchtest, kann das schwierig sein, da die wenigsten heimischen Banken einen Vorrat an Seychellen-Rupien auf Lager haben. Die erste Wechselmöglichkeit nach der Landung ist die Wechselstube in der Ankunftshalle des Flughafens Mahé. Weitere Möglichkeiten zum Geldwechseln finden sich in größeren Orten oder an den Fährterminals. Außerdem kannst du auch an den zahlreichen Geldautomaten (ATMs) mit Kreditkarte Rupien abheben.

In der Regel akzeptieren Hotels, Restaurants und Geschäfte die gängigen Kreditkarten. Für Taxifahrten oder Einkäufe auf dem Markt solltest du dennoch etwas Bargeld parat haben.

TRINKGELD

In Rechnungen von Restaurants oder Cafés ist normalerweise eine Servicepauschale in Höhe von 5 bis 10 % enthalten. Trinkgeld zu geben wird daher nicht erwartet. Wer sich trotzdem für den hervorragenden Service bedanken möchte, macht mit zusätzlichen 25 bis 100 SCR sicherlich nichts falsch.

KLIMA

Durch die geografische Lage der Seychellen, knapp unterhalb des Äquators, halten sich größere Temperaturschwankungen in Grenzen. Wer sich für die Seychellen als Reiseziel entscheidet, darf sich das ganze Jahr über sommerlich warme T-Shirt-Temperaturen freuen. Tagsüber wird es meist zwischen 26 und 32 Grad warm, nachts kühlt es leicht ab auf 20 bis 24 Grad. Mit konstanten Wassertemperaturen von etwa 26 Grad kommt auch der Badespaß während eines Seychellen-Urlaubs garantiert nicht zu kurz.

Neben viel Sonnenschein ist plötzlich auftretender Platzregen keine Seltenheit. Eine Regenjacke oder ein Regenschirm sollten daher in deinem Reisegepäck nicht fehlen. Doch keine Sorge, oftmals handelt es sich nur um kurze Regenschauer, die schnell wieder von der Sonne verdrängt werden.

Die Sonne geht ganzjährig zuverlässig gegen 6 Uhr auf und um 18 Uhr unter. Bei gutem Wetter erwarten dich traumhafte Sonnenuntergänge – mit einer Sonne, die deutlich größer erscheint, als du es von zu Hause gewohnt bist.

Auf den Seychellen gibt es zwei Hauptjahreszeiten, die von den Monsunwinden geprägt werden: vom Nordwestmonsun und vom Südostmonsun.

NORDWESTMONSUN

Von November bis April weht der Wind vornehmlich aus Nordwesten; es dominiert der Nordwestmonsun. In dieser Zeit sind Temperaturen und Luftfeuchtigkeit höher und es regnet mehr. Dafür ist das Meer meist ruhiger, da der Wind nicht so stark ist. Die regenreichsten Monate sind Dezember und Januar.

SÜDOSTMONSUN

Von Mai bis Oktober wird das Wetter durch den Südostmonsun beherrscht. In diesen Monaten sind die Temperaturen angenehmer und es regnet weniger. Dafür ist es windiger und das Meer wilder.

ÜBERGANGSZEIT

In der Übergangszeit zwischen den beiden Monsunwinden, jeweils im März/April und Oktober/November gibt es windstille Phasen; dadurch ist die Sicht unter Wasser sehr gut. In dieser Zeit ist allerdings auch mit Tagestemperaturen um die 30 Grad zu rechnen.

FORTBEWEGUNGSMITTEL

Eines vorneweg: Auf den Seychellen gibt es keinen Schienenverkehr, somit fallen Züge als Fortbewegungsmittel weg. Die zwei größten Inseln, Mahé und Praslin, lassen sich am besten mit einem Mietwagen erkunden. Die Fahrt mit dem Bus ist zwar günstiger, dafür brauchst du aber manchmal viel Geduld und gute Nerven. Auf La Digue hingegen ist die Infrastruktur nicht für Autos ausgelegt, hier ist das Fahrrad das Hauptfortbewegungsmittel.

TAXI

Taxi fahren auf den Seychellen ist teuer und Taximeter werden oft nicht genutzt. Am besten vereinbarst du mit dem Taxifahrer bereits vor Fahrtbeginn einen Preis. Preisverhandlungen sind grundsätzlich möglich, aber auf den typischen Touristenrouten, z. B. vom Flughafen zum Fährhafen, nicht immer erfolgsversprechend.

MIETWAGEN

Neben bekannten internationalen Anbietern sind auf den Seychellen auch zahlreiche nationale Mietwagenfirmen vertreten. Bei den verfügbaren Modellen handelt es sich meist um Kleinwagen, die oftmals mit einer Automatikschaltung ausgestattet sind. Für die Anmietung musst du mindestens 21 Jahre alt und seit mindestens einem Jahr im Besitz eines Führerscheins sein. Ein internationaler Führerschein ist nicht notwendig. Die Kommunikation mit vielen Händlern erfolgt meistens über WhatsApp.

Mietwagen auf den Seychellen werden mit einem „Collision Damage Waiver" vermietet, einer Art Vollkaskoversicherung, die standardmäßig eine hohe Selbstbeteiligung von 1.000 € bis 1.500 € enthält. Bei manchen Anbietern lässt sich die Selbstbeteiligung durch eine höhere Miete reduzieren. Wenn du einen Mietwagen über SeyVillas buchst, besteht zudem die Möglichkeit, die Selbstbeteiligung auszuschließen, indem stattdessen eine Zusatzversicherung hinzugebucht wird.

Auf den Seychellen herrscht Linksverkehr. Das Straßennetz auf Mahé und Praslin ist gut ausgebaut; teilweise können einzelne Straßenabschnitte etwas kurvenreich und schmal sein. Auf beiden Inseln gilt in Ortschaften eine Höchstgeschwindigkeit von 40 km/h, außerorts darfst du bis zu 65 km/h fahren. Eine Ausnahme stellt der Providence Highway zwischen Victoria und dem internationalen Flughafen dar, hier darfst du 80 km/h fahren. Auf La Digue gibt es keine Mietwagenanbieter, für alle anderen Fahrzeuge beträgt die Höchstgeschwindigkeit 25 km/h.

Mahé verfügt über sieben und Praslin über zwei Tankstellen. An der Tankstelle brauchst du nicht auszusteigen, die Betankung des Autos übernimmt ein Mitarbeiter der Tankstelle.

TIPP:
Parke niemals unter Kokospalmen, denn eine herabfallende Kokosnuss kann dir eine ordentliche Delle an deinem Mietwagen bescheren.

Preis: ab ca. 50 €/Tag
Mietwagenanbieter:
- *Maki Car Rental (www.maki-car-rental.com)*
- *Doffay Car Rental (www.doffaycarrental.com)*
- *SeyVillas (www.seyvillas.com/car-rental)*

BUS

Busse sind eine günstige und authentische Möglichkeit, um Mahé und Praslin zu erkunden, sie lassen jedoch nur eine bedingte Flexibilität zu. Ein abenteuerlicher Fahrstil, wenig Platz, längere Wartezeiten oder Umstiege müssen teilweise in Kauf genommen werden, um von A nach B zu gelangen.

Auf Mahé ist das zentrale Drehkreuz für Busreisende der Victoria Bus Terminal, von dem die altersschwachen blauen Busse regelmäßig in alle Richtungen starten. Die regulären Verkehrszeiten der Busse auf Mahé liegen zwischen 5:30 und 19:00 Uhr, manche Haltestellen werden auch noch bis 20:30 Uhr angefahren. Auf Praslin fahren die Busse nur bis etwa 18:30 Uhr. Aktuelle Infos zu den Fahrzeiten in Echtzeit findest du in der SPTC App.

Stehst du an einer Haltestelle und möchtest mit einem Bus mitfahren, solltest du dies dem Busfahrer mit einem Handzeichen signalisieren – ansonsten kann es sein, dass der Bus einfach an dir vorbeifährt. Die Bezahlung erfolgt mittels einer Travel Card.

Die Visitors Travel Card richtet sich speziell an Touristen und ermöglicht die unbegrenzte Nutzung der Busse innerhalb des erworbenen Gültigkeitszeitraums. Die Karte kann bereits bei Beantragung der digitalen Einreisegenehmigung gekauft und anschließend am Travel-Plus-Schalter am Flughafen in Mahé abgeholt werden. Dabei kannst du zwischen einer 4-Tages-

Fahrkarte und einer 8-Tages-Fahrkarte wählen. Fahrkarten werden auch an den SPTC-Verkaufsstellen, in Postfilialen sowie in vielen Geschäften verkauft.

Preise der Visitors Travel Card:
- *1-Tages-Fahrkarte 100 SCR (ca. 6 €) – nur vor Ort erhältlich*
- *4-Tages-Fahrkarte 198 SCR (ca. 12 €)*
- *8-Tages-Fahrkarte 363 SCR (ca. 22 €)*

www.sptc.sc

Als Alternative zur Visitors Travel Card kannst du dir vor Ort eine lokale Travel Card holen, die von den Einheimischen zum Busfahren genutzt wird. Die Karte kostet 50 SCR (ca. 3 €), von denen du 20 SCR als Fahrguthaben nutzen kannst. Bei den restlichen 30 SCR handelt es sich um eine nicht erstattungsfähige Kaution. Wenn das Guthaben aufgebraucht ist, kannst du die Karte wieder aufladen. Eine Busfahrt kostet 10 SCR (ca. 0,60 €). Wenn du nur wenige Busfahrten geplant hast, ist der Kauf einer lokalen Travel Card lohnender. An der Verkaufsstelle des Victoria Bus Terminal wird manchmal behauptet, dass Touristen nur die Visitors Travel Card kaufen könnten. In den Geschäften hingegen lässt sich eine lokale Travel Card meist ohne Weiteres erwerben.

FAHRRAD

Auf Mahé und Praslin sind Fahrräder im Straßenverkehr eher selten; diese Inseln lassen sich besser mit einem Mietwagen erkunden. Aber auf La Digue ist Fahrrad fahren angesagt. Falls deine Unterkunft kein Fahrrad zur Verfügung stellt, kannst du dir bei einem der zahlreichen Anbieter in der Nähe des Fährhafens ein Rad für umgerechnet ca. 10 € pro Tag ausleihen. Allzu hoch sollten deine Ansprüche jedoch nicht sein – mit etwas Glück erhältst du sogar ein Rad mit funktionierender Gangschaltung. Für eine gemütliche Tour um die Insel sind die gängigen Leihräder jedoch völlig ausreichend. Teste vorher aber unbedingt die Bremsen auf ihre Funktionsfähigkeit!

FREIZEITAKTIVITÄTEN

SCHNORCHELN UND TAUCHEN

Das klare Wasser und die vielfältige Unterwasserwelt machen Schnorcheln und Tauchen auf den Seychellen zu einem wahren Vergnügen. Gute Schnorchelspots gibt es zur Genüge und um bunte Fische zu sehen, musst du nicht weit hinausschwimmen. Auch zum Tauchen sind die Seychellen hervorragend geeignet. Auf allen drei Hauptinseln gibt es mehrere Tauchbasen.

Leider hatte El Niño in den Jahren 1997 und 1998 und später noch mal in 2015 und 2016 schwerwiegende Auswirkungen auf die Unterwasserwelt. Durch das globale Wetterphänomen erwärmte sich die Meeresoberfläche, wodurch eine Vielzahl von Algen starb. Da sich Korallen hauptsächlich von Algen ernähren, verloren diese ihre Farbe und starben ebenfalls. Ähnlich wie El Niño wirkt sich auch der globale Klimawandel auf den Zustand der Korallen aus. Ob-

Anse Major Trail, Mahé

wohl verschiedene Initiativen zur Restaurierung der Korallenriffe ins Leben gerufen wurden, erholen sich diese nur langsam.

Wenngleich die Unterwasserwelt der Seychellen noch mit den anhaltenden Folgen der Korallenbleiche zu kämpfen hat, hält sie eine Reihe von spektakulären Erlebnissen für Schnorchler und Taucher bereit. Aufgrund der angenehmen Wassertemperaturen und der meist klaren Sicht könnten die Bedingungen zum Beobachten von Fischen kaum besser sein. Neben Clown-, Papageien- und Doktorfischen begegnen dir hin und wieder auch Muränen und Rochen. In tieferen Gewässern sind auch mal Haie und Meeresschildkröten zu sehen. Für erfahrenere Taucher gibt es zusätzlich einige Wracks zu entdecken, z. B. den versunkenen Ennerdale-Tanker oder das Aldebaran-Fischerboot vor der Küste von Mahé.

WANDERN

Die Seychellen bieten eine Vielzahl an Wandermöglichkeiten für neugierige Naturfans. Die Wanderwege führen oft durch den tropischen Regenwald, vorbei an exotischen Pflanzen und zerklüfteten Felsküsten. Aufgrund der topografischen Lage der Seychellen können einige Wanderungen ziemlich anstrengend sein; dafür wirst du mit grandiosen Panoramablicken auf die malerische Küstenlandschaft und deren vorgelagerte Inseln belohnt. Im Morne Seychellois National Park auf Mahé erwartet dich eine Reihe spannender Wanderwege unterschiedlicher Schwierigkeitsgrade. Auf Praslin gibt es einen schönen Panoramawanderweg zur Anse Georgette und auf La Digue kannst du im Rahmen der Anse Marron Hiking Tour die weitgehend unberührte Südküste erkunden.

Eine Wanderung auf den Seychellen ist anspruchsvoller, als es aussieht. Denn in den dicht bewachsenen Wäldern können nicht ortskundige Wanderer schnell die Orientierung verlieren und sich hoffnungslos verlaufen. Auch durch unerwartet auftretende Regenschauer kann eine Tour auf nicht befestigten Wegen schnell riskant werden. Um auf Nummer sicher zu gehen, solltest du dich niemals allein auf eine Wanderung begeben und dich idealerweise auf offiziell gekennzeichneten Wanderwegen bewegen. Um bestmögliche Stabilität auf den steinigen und manchmal rutschigen Wegen zu haben, empfiehlt sich das Tragen von festem Schuhwerk.

Auf den Seychellen wird es abends innerhalb kürzester Zeit dunkel. Zu deiner eigenen Sicherheit solltest du deine Wanderung so planen, dass du vor Sonnenuntergang wieder zurück bist. Nimm sicherheitshalber trotzdem eine Taschenlampe mit.

ANGELN

Ob Hochseeangeln, Fliegenfischen oder in Küstennähe einfach mal die Angelschnur ins Wasser werfen – Anfänger als auch fortgeschrittene Angler kommen hier auf ihre Kosten. Mit etwas Glück beißt eine Dorade oder ein Roter Schnapper an. Wenn es etwas weiter aufs Meer hinausgeht, kann es auch mal ein Barrakuda oder ein Marlin sein. Auf den drei Hauptinseln findest du diverse Angelanbieter mit unterschiedlichen Touren. Ein Angelschein ist auf den Seychellen nicht erforderlich.

GOLFEN

Der 9-Loch-Platz des Seychelles Golf Club wurde 1972 auf Mahé in der Nähe des internationalen Flughafens errichtet und ist bei Einheimischen und Touristen gleichermaßen beliebt. Auf Praslin findest du zudem auf dem Gelände des Constance Lemuria Resorts einen 18-Loch-Platz, der auch von Golfern genutzt werden kann, die nicht Gäste des Resorts sind. Eine vorherige Reservierung ist empfehlenswert.

GESCHMACKSERLEBNISSE

In der kreolischen Küche treffen europäische, afrikanische und indische Einflüsse aufeinander. Lokale Zutaten wie fangfrischer Fisch, Fleisch oder Gemüse bilden die Grundlage einer echten kreolischen Mahlzeit, die durch die Zugabe exotischer Gewürze erst so richtig ihr volles Aroma entfaltet. Auch tropische Früchte wie Kokosnüsse, Jackfrüchte und Bananen kommen in vielen Gerichten der kreolischen Küche zum Einsatz.

LANDESTYPISCHE GERICHTE

CURRYS

Currys zählen zu den authentischsten Gerichten der Seychellen. Dabei reicht die Bandbreite von milden Buttercurrys bis hin zu scharf-würzigen Kokoscurrys, die Gemüse, Fisch, Meeresfrüchte, Hühner- oder Schweinefleisch enthalten. Vor allem Oktopus-Curry, das mit Auberginenstücken und einer ganzen Reihe Gewürze verfeinert wird, gilt als besondere Delikatesse. Currys gibt es auf den Seychellen an fast jeder Ecke und insbesondere an Take-aways zu günstigen Preisen. Ein traditionelles, aber umstrittenes Gericht der kreolischen Küche ist Flughund-Curry, das mittlerweile nur noch von wenigen Lokalen angeboten wird.

GEGRILLTER FISCH

Fisch gibt es auf den Seychellen in Hülle und Fülle – am besten gleich frisch vom Grill. Egal ob Dorade, Roter Schnapper oder Barrakuda: Auf den Grill kommt, was soeben aus dem Meer gezogen wurde. Oft wird der gegrillte Fisch mit einer leckeren selbst gemachten Marinade und frischem Salat, Chutneys oder Reis serviert.

SAMOSAS

Die frittierten oder gebackenen Teigtaschen, die ihren Ursprung in Indien haben, sind auch auf den Seychellen ein beliebter Snack. Samosas werden mit Gemüse, Fleisch oder Fisch gefüllt und pikant gewürzt.

TEC-TEC-MUSCHELSUPPE

Die cremig-würzige Suppe aus kleinen Muscheln, Kokosmilch, Kürbis sowie verschiedenen Kräutern und Gewürzen wird üblicherweise als Vorspeise gegessen.

LADOB

Ladob gibt es in zwei Geschmacksvarianten: Die süße Version ist ein cremiger Nachtisch aus Bananen, Süßkartoffeln, Kokosmilch und verschiedenen Gewürzen. Die herzhafte Version besteht aus Bananen, Fisch, Maniok, Brotfrucht und Kokosmilch.

MILLIONÄRSSALAT

Der Millionärssalat ist zwar ein traditionelles, aber – aus ökologischer Sicht – zweifelhaftes Gericht der seychellischen Küche. Die Hauptzutat des Salats ist das Herz einer Kokospalme, das in dünne Scheiben geschnitten und mit frischem Gemüse, Früchten und Gewürzen verfeinert wird. Um an das Palmenherz zu gelangen, muss allerdings die gesamte Kokospalme gefällt werden.

LANDESTYPISCHE GETRÄNKE

FRISCHES KOKOSNUSSWASSER

Kein anderes Getränk verkörpert das Lebensgefühl der Seychellen besser als erfrischendes Kokosnusswasser direkt aus der Kokosnuss. Am besten und nährstoffreichsten ist das Wasser der grünen und jungen Kokosnüsse. Besonders lecker schmeckt aber auch deren weiches Fruchtfleisch.

FRISCHE FRUCHTSÄFTE

Auf den Seychellen solltest du

die Chance nutzen, möglichst viele frische Fruchtsäfte zu probieren. Die frisch gepressten Säfte aus Ananas, Mangos oder Guaven schmecken nicht nur köstlich und erfrischend, sondern strotzen vor Vitaminen und Nährstoffen.

VANILLETEE

Der Vanilletee der lokalen Teemarke SeyTé ist ein besonders aromatischer Schwarztee, der mit exotischen Vanillenoten verfeinert wird. Auf den Seychellen wird der Tee traditionell mit einem Schuss Kondensmilch serviert.

SEYBREW

Das lokale Lagerbier mit einem Alkoholgehalt von etwa 5 % vol ist leicht und mild.

BAKA

Der rumähnliche Schnaps wird aus fermentiertem Zuckerrohrsaft gewonnen. Baka schmeckt intensiv-fruchtig.

KALOU

Der traditionelle Palmwein wird aus dem Blütensaft von Kokospalmen hergestellt. Je fortgeschrittener die Gärung, desto herber und hochprozentiger ist das Getränk.

TAKAMAKA-RUM

Der lokal produzierte Rum der Trois Frères Distillery ist über die Landesgrenzen hinaus bekannt für seine vielseitigen Aromen, die den besonderen Charakter der Seychellen widerspiegeln. Takamaka-Rum gibt es in unterschiedlichen Geschmacksvariationen; besonders beliebt ist die Gewürzvariante auf Rum-Basis namens „Dark Spiced".

EXOTISCHE FRÜCHTE

Das tropisch-warme Klima der Seychellen bringt eine Vielzahl exotischer Früchte hervor. Während vielen der Geschmack einer Avocado oder Mango durchaus vertraut sein dürfte, sind Brotfrüchte oder Custard Apples für die meisten Urlauber geschmackliches Neuland. Ein Großteil des regionalen Obstbestands ist nur saisonal verfügbar, einige Früchte wie Kokosnüsse, Bananen, Papayas oder Passionsfrüchte können hingegen das ganze Jahr über geerntet werden.

JACKFRUCHT

Die ovale Frucht mit den grünen Noppen und dem gelben Fruchtfleisch kann bis zu 1 m lang und 50 kg schwer werden. Geschmacklich erinnert die Jackfrucht an eine Mischung aus Ananas, Banane und Mango. Die Konsistenz ist weich und faserig, ähnlich wie bei Mangos oder Papayas. Unreife Jackfrüchte werden in der seychellischen Küche oft als Fleischersatz genutzt.

BROTFRUCHT

Die Brotfrucht ist etwas größer als eine Orange und kann eine runde oder ovale Form haben. Eine junge Brotfrucht leuchtet hellgrün, während die Schale einer reifen Brotfrucht grün-gelb bis grün-braun sein kann. Junge Exemplare werden zum Kochen oder Backen verwendet und ähneln im Geschmack Kartoffeln. Ausgereifte Brotfrüchte können auch roh verzehrt werden; deren Geschmack und Konsistenz erinnern an Vanillepudding.

DURIAN

Optisch ähnelt die Durian der Jackfrucht, ist jedoch kleiner und hat Stacheln statt Noppen. Die Durian polarisiert aufgrund ihres aufdringlichen Geruchs, was ihr den Beinamen „Stinkfrucht" einbrachte. Das gelbe Fruchtfleisch hat eine sehr weiche Konsistenz und schmeckt herzhaft-süß nach Vanille, Honig und Mandeln, allerdings mit einem zwiebelartigen Beigeschmack.

SOURSOP

Die Soursop ist auch unter dem Namen Stachelannone bekannt und hat, wie die Durian, grüne Stacheln, aber weißes Fruchtfleisch. Der Geschmack erinnert an eine Mischung aus Erdbeere und Ananas mit einem Hauch Zitrone. Die Konsistenz ist cremig und mit einer Banane vergleichbar.

JAVA APPLE

Der Java Apple ist auch unter den Namen Wachsapfel oder Rosenapfel bekannt. Er schmeckt und sieht aber nicht aus wie ein Apfel. Die Frucht ähnelt eher einer wächsernen Birne, hat im reifen Zustand eine knallrote Schale und erinnert geschmacklich an eine Mischung aus Wassermelone und Birne mit einem Hauch von Rose. Das Fruchtfleisch ist hell und fleischig mit einem hohen Wasseranteil.

CUSTARD APPLE

Das Erkennungsmerkmal des Custard Apple ist die mit einem Netzmuster überzogene schuppige Schale, die je nach Reifestadium eine grüne bis rotbraune Farbe annimmt. Das Fruchtfleisch ist puddingartig und schmeckt nach Banane, Ananas und Vanille. Neben dem süßlichen Aroma kommt auch eine leicht herbe Zitrusnote durch.

MANGOSTAN

Die dunkelviolette Frucht mit dem grünen Blätterhäubchen wird in etwa so groß wie eine Pflaume. Beim Öffnen der dicken Schale ist besondere Vorsicht geboten, denn sie färbt leicht ab. Das Fruchtinnere ist ähnlich aufgebaut wie bei einer Mandarine und besteht aus mehreren Segmenten. Das weiße Fruchtfleisch ist weich und schmeckt fruchtig-süß mit einer ganz leichten Säure.

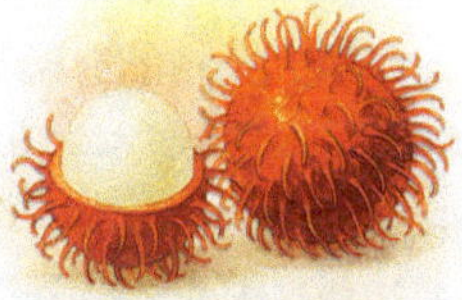

RAMBUTAN

Die walnussgroße Frucht hat eine rote Schale, die mit vielen weichen Stacheln übersät ist. Das Fruchtfleisch ist geleeartig und schmeckt erfrischend süß sowie säuerlich. Geschmacklich erinnern Rambutans an Litschis.

SICHERHEIT UND GESUNDHEIT

KRIMINALITÄT

Die Seychellen gelten als sicheres Urlaubsland mit einer niedrigen Kriminalitätsrate. In touristischen Gegenden kann es vereinzelt zu kriminellen Delikten wie Diebstählen oder Einbrüchen kommen. Wie im alltäglichen Leben und in anderen Urlaubsdestinationen kann es auch auf den Seychellen nicht schaden, mit einem wachsamen Auge auf Entdeckungstour zu gehen.

STRASSENVERKEHR

Autofahren auf den Seychellen kann eine Herausforderung darstellen. Zunächst solltest du dich daran gewöhnen, mit einem Mietwagen, der meistens mit einer Automatikschaltung ausgestattet ist, auf der linken Straßenseite zu fahren. Dabei sind die Straßen oft schmal und kurvenreich. Auf Leitplanken und Seitenstreifen wird auf den Seychellen weitgehend verzichtet. Bei Dunkelheit ist besondere Vorsicht geboten, da viele Straßen nicht oder nur spärlich beleuchtet sind.

MEERESSTRÖMUNGEN

Hohe Wellen und Strömungen in Küstennähe wurden schon manchem Schwimmer zum Verhängnis. Entsprechende Hinweisschilder sind unbedingt zu beachten. Wenn du eine rote Fahne am Strand siehst, solltest du besser auf das Baden verzichten.

EBBE UND FLUT

Plötzliche Veränderungen des Wasserstands treffen manche Touristen völlig unerwartet. Falls du eine Wanderung oder einen Ausflug in Strandnähe planst, solltest du den Wechsel der Gezeiten unbedingt auf dem Schirm haben. Ein Strand kann auf dem Hinweg noch problemlos begehbar sein, die Flut auf dem Rückweg aber bereits so weit fortgeschritten sein, dass von dem Strand fast nichts mehr zu sehen ist und du nur auf abenteuerlichen Umwegen zurück an dein Ziel gelangst.

UNTER WASSER

Zwischen den Steinen am Meeresgrund verstecken sich immer mal wieder Seeigel oder Steinfische. Um dich vor schmerzhaften Verletzungen zu schützen, solltest du beim Baden Wasserschuhe tragen. Gelegentlich können sich auch Haie in Strandnähe verirren; Haiangriffe auf Menschen sind jedoch äußerst selten.

UV-STRAHLUNG

Weil die Mittagssonne extrem intensiv ist, empfiehlt sich die Mitnahme einer Sonnencreme mit hohem Lichtschutzfaktor (mind. LSF 30, besser noch LSF 50) sowie das Tragen eines UV-Shirts beim Baden im Meer. An sonnigen Tagen ist mit einem UV-Index zwischen 8 und 12 zu rechnen. Zum Vergleich: In Deutschland erreicht der UV-Index an schönen Sommertagen Werte von 8 bis 9.

ALLEINREISENDE FRAUEN

Unter den afrikanischen Ländern gelten die Seychellen als eines der sichersten Urlaubsziele für alleinreisende Frauen. Dennoch solltest du auch auf den Seychellen ein gesundes Maß an Vorsicht walten lassen und dich nicht allein in abgelegene Gebiete begeben oder auf eigene Faust einen nächtlichen Spaziergang unternehmen. Das Risiko, einem aufdringlichen Einheimischen oder Touristen zu begegnen, kann – wie überall auf der Welt – auch auf den Seychellen nicht gänzlich ausgeschlossen werden.

LGBTQ-REISENDE

Die meisten Unterkünfte und touristischen Einrichtungen sind weltoffen und begegnen LGBTQ-Gästen ebenso freundlich wie heterosexuellen Gästen. Die einheimische Bevölkerung ist durch ihre Religionszugehörigkeit zwar konservativ geprägt, LGBTQ-Reisenden gegenüber aber mehrheitlich neutral bis tolerant eingestellt. Auch wenn homosexuelle Handlungen auf den Seychellen nicht unter Strafe gestellt werden, sind die rechtlichen Rahmenbedingungen für LGBTQ-Personen auf den Seychellen noch nicht so fortschrittlich wie in vielen westlichen Staaten.

NOTFALLNUMMERN

Die wichtigsten Nummern für Notfälle:

- Polizei: 999
- Feuerwehr: 999
- Notarzt: 151

Falls du den Anruf nicht mit einer seychellischen SIM tätigst, denke daran, vorab die Vorwahl der Seychellen zu wählen: +248.

GUT ZU WISSEN

ELEKTRIZITÄT

Die Netzspannung auf den Seychellen beträgt 240 Volt bei einer Frequenz von 50 Hertz. Die gängigen Steckdosen sind vom Typ G mit drei rechteckigen Stiften. Damit du deine Geräte anschließen kannst, benötigst du einen Reiseadapter für Steckdosen des Typs G.

LEITUNGSWASSER

Das Leitungswasser erfüllt die Vorgaben der Weltgesundheitsorganisation WHO und ist daher grundsätzlich trinkbar. Allerdings ist das Wasser stark chlorhaltig. Manche Leitungen sind zudem schlecht gewartet, wodurch es zu Verunreinigungen kommen kann. Vielen Touristen wird daher empfohlen, auf Wasser aus Flaschen zurückzugreifen oder das Leitungswasser vor der Nutzung abzukochen.

SIM-KARTEN

Auf den Seychellen gibt es zwei große Mobilfunkanbieter: Airtel und Cable & Wireless.

Bei der Beantragung der digitalen Einreisegenehmigung hast du die Möglichkeit, eine SIM-Karte gleich mitzukaufen. Nach deiner Ankunft am Flughafen kannst du die SIM-Karte am Schalter des jeweiligen Anbieters abholen. Das kleinste Datenpaket mit 15 GB und einer Gültigkeit von 21 Tagen kostet bei beiden Anbietern 24,99 €.

Eine SIM-Karte kannst du auch erst direkt vor Ort kaufen, dann ist diese allerdings wesentlich teurer:

- Airtel:
  797 SCR (ca. 48 €) für 15 GB mit einer Gültigkeit von 30 Tagen
- Cable & Wireless:
  849 SCR (ca. 51 €) für 12 GB mit einer Gültigkeit von 30 Tagen

HEIRATEN

Der bürokratische Aufwand für eine Hochzeit auf den Seychellen ist in der Regel überschaubar. Eine Trauung muss mindestens elf Tage im Voraus bei dem zuständigen Standesamt beantragt werden. Dafür müsst ihr die notwendigen Dokumente vorweisen können (z. B. gültige Reisepässe, Geburtsurkunden etc.). Welche Unterlagen und vorbereitenden Maßnahmen konkret benötigt werden, kann sich je nach Staatsangehörigkeit unterscheiden – am besten erkundigt ihr euch vorher bei den zuständigen Behörden.

Die Zeremonie wird von einem seychellischen Standesbeamten durchgeführt. Außerdem müssen zwei Trauzeugen anwesend sein. Standesamtliche Eheschließungen auf den Seychellen werden in Deutschland anerkannt.

www.ics.gov.sc/about/media-centre/notices

ÖFFNUNGSZEITEN

Hinsichtlich der Geschäftsöffnungszeiten gibt es auf den Seychellen keine einheitliche Vorgehensweise. Größere Supermärkte haben durchgehend geöffnet, oft bis spätabends; kleinere Geschäfte sind teilweise über die Mittagszeit geschlossen. Viele Supermärkte haben auch sonntags geöffnet.
Verlasse dich nicht blind auf die angegebenen Öffnungszeiten – vor allem bei kleinen Läden, Takeaways und Restaurants.

VERKAUF UND KONSUM VON ALKOHOL

Um den Alkoholmissbrauch in den Griff zu bekommen, wurden von der Regierung begrenzte

Zeitfenster für den Verkauf von Alkohol eingeführt. In Geschäften ist der Kauf von Alkohol daher nur zu den folgenden Uhrzeiten möglich:

- Mo. bis Do. 11:30–21:00 Uhr
- Fr. 11:30–23:00 Uhr
- Sa. 8:30–23:00 Uhr
- So. 8:30–21:00 Uhr

In der Öffentlichkeit, z. B. auf der Straße oder am Strand, ist der Konsum von Alkohol verboten. In lizenzierten Einrichtungen ist der Genuss von alkoholischen Getränken hingegen erlaubt.

AUSFUHRVERBOT

Bei der Ausreise solltest du keine Muscheln, Korallen oder Sand im Gepäck haben. Es versteht sich von selbst, dass unter Artenschutz stehende Tiere, Fische, Schildkröten oder unverarbeitete Coco-de-Mer-Nüsse ebenfalls nicht ausgeführt werden dürfen.

DIE SCHATTENSEITEN DER SEYCHELLEN

Die Seychellen sind für viele der Inbegriff eines tropischen Urlaubsparadieses. Doch wie so oft im Leben ist auch auf den Seychellen nicht alles Gold, was glänzt. Die Vorfreude auf deine bevorstehende Reise ist sicherlich riesig, und das absolut zu Recht, denn dich erwartet eine ganze Reihe toller Eindrücke und Erlebnisse. Dennoch kann es nicht schaden, auch einen kritischen Blick hinter die idyllische Kulisse zu werfen – und sei es nur, um mit der bestmöglichen Vorbereitung in den Urlaub zu starten.

STEIGENDE BESUCHERZAHLEN

Die Seychellen sind längst kein Geheimtipp mehr. Während das National Bureau of Statistics im Jahr 2010 noch 175 000 Touristen aus aller Welt zählte, waren es 2024 bereits doppelt so viele Besucher.

Wer auf die Seychellen reist, wird auch heute noch menschenleere Strände vorfinden, doch wenn es um die Highlights geht – wie die Anse Source d'Argent oder die Anse Lazio –, ist es um die Ruhe und Einsamkeit geschehen. Zahlreiche Badefreudige breiten ihre Handtücher aus, Hobbyfotografen jagen dem perfekten Strandbild nach. Der Reisende von heute sollte sich daher, zumindest was einige der touristischen Hotspots betrifft, von romantisierten Illusionen lösen und der Realität ins Auge blicken: Durch die zunehmenden Besucherströme und den permanenten Trubel büßen die schönsten Orte der Seychellen einen Teil ihres ursprünglichen Zaubers ein.

Für die heimische Bevölkerung ist der Tourismus Fluch und Segen zugleich: Viele Einheimische sind in der Tourismusindustrie tätig und bestreiten dadurch ihren Lebensunterhalt. Demzufolge schreitet die Kommerzialisierung auch an einem solch traumhaften Ort wie den Seychellen munter voran.

MÜLLPROBLEM

Durch den nötigen Import von Lebensmitteln und anderen Waren kommt eine große Menge an Verpackungsmaterial auf die Inseln. Auch der Tourismus trägt allgemein, und in etlichen Fällen leider auch durch verschwenderisches und unachtsames Verhalten, zur wachsenden Müllmenge bei. Obendrein wird regelmäßig Plastikmüll angeschwemmt, der größtenteils aber nicht von den Seychellen stammt.

Durch die zunehmenden Abfallmengen werden die vorhandenen Mülldeponien stark in Anspruch genommen. Zusätzliche Einrichtungen sind aufgrund der begrenzten Fläche schwierig und natürlich kostspielig. Die Regierung der Seychellen nimmt die Müllproblematik ernst und hat bereits Maßnahmen zur Müllvermeidung eingeleitet. Vor einigen Jahren wurde ein Verbot von Einwegprodukten aus Plastik erlassen; seitdem ist die Nutzung von Plastikgeschirr, -tüten oder -strohhalmen auf den Inseln tabu. Im August 2023 führte die Regierung eine Umweltabgabe für Touristen ein. Die daraus gewonnenen Einnahmen sollen Umweltprojekten zugutekommen. Unterstützung erhielten die Seychellen von der Weltbankgruppe, die dem Landwirtschafts- und Umweltministerium ein Darlehen von fünf Millionen Euro für ein Abfallwirtschaftsprojekt zur Verfügung stellte.

BAU- UND IMMOBILIEN-BOOM

Durch den Tourismus als wichtigsten Wirtschaftszweig der Seychellen wird die Immobilienbranche massiv angekurbelt. Allerdings wird der Verkauf von Grundstücken an internationale Investoren von großen Teilen der einheimischen Bevölkerung kritisch betrachtet. Denn die erhöhte Nachfrage nach Bauland wirkt sich auch auf die Preise für normale Grundstücke und Immobilien aus, wodurch der Erwerb von

Wohneigentum für viele Seychellois in weite Ferne rückt.

Mit der zunehmenden Bautätigkeit durch Investoren entwickelt sich die Tourismusindustrie, insbesondere aus ökologischer Sicht betrachtet, nicht unbedingt in eine positive Richtung. An idyllischen Strandabschnitten werden Flächen versiegelt und riesige Hotelanlagen aus dem Boden gestampft, die vielen Urlaubern zwar einen traumhaft schönen Urlaub bescheren, aber der Natur und dem fragilen Ökosystem keinen Gefallen tun. Ein Projekt, das noch weniger zum gemütlichen Inselcharme der Seychellen passt, ist das künstlich angelegte Eden Island. Die sterile Architektur des Stadtquartiers hat mehr Ähnlichkeit mit der Palmeninsel von Dubai als mit einem tropischen Inselparadies.

TOURISTENFALLEN

So mancher Urlauber ist auf den Seychellen bereits Opfer einer Betrugsmasche geworden. Derartige Fälle sind nicht alltäglich, können aber durchaus vorkommen. In der Regel halten sich die monetären Verluste in Grenzen, ärgerlich ist so eine Abzocke aber allemal. Die folgenden Negativbeispiele sind allgemein bekannt und wiederholen sich immer wieder. Mit der entsprechenden Kenntnis können finanzielle Schäden weitgehend vermieden werden.

Tankstellenbetrug:
An Tankstellen auf den Seychellen wird das Betanken von Tankwarten übernommen. Manche Touristen berichten von Fällen, in denen ihr Auto vermeintlich betankt und der Tankbetrag abkassiert wurde. Im Nachhinein stellten sie jedoch fest, dass dem Tank überhaupt kein oder nur ein Bruchteil der gewünschten Kraftstoffmenge zugeführt wurde. Auch wenn es sich hierbei nur um Einzelfälle handelt, schadet es sicherlich nicht, ein wachsames Auge auf die Zapfsäule und die Tankanzeige des Autos zu haben.

Überteuerte Preise:
Die Unwissenheit mancher Touristen in Bezug auf marktübliche Preise wird von manchen Händlern ausgenutzt. Wird dir am Strand eine Kokosnuss für 50 SCR angeboten, handelt es sich um einen gängigen Preis, 75 SCR wäre bereits teuer. Immer wieder berichten Touristen von fliegenden Händlern, die ihnen am Strand Kokosnüsse zu deutlich höheren Preisen anbieten. Das Spiel mit Mondpreisen beschränkt sich nicht nur auf Kokosnüsse, sondern lässt sich auch bei Souvenirs, Taxifahrten und Ausflügen beobachten.

Unseriöse Tourenanbieter:
An einigen Stränden versuchen unseriöse Tourenanbieter überteuerte Ausflüge an Touristen zu verkaufen – ein bekanntes Beispiel ist die Côte d'Or auf Praslin. Entweder finden solche Touren nie statt, sind schlecht organisiert oder dir werden im schlimmsten Fall Zusatzgebühren z. B. für den Parkeintritt abgeknöpft. Problematisch ist auch der oft schlechte Zustand der Ausrüstung und das Fehlen einer Versicherung. Frage daher vor der Buchung einer Tour immer nach der Lizenz des Anbieters.

DROGENPROBLEMATIK

Touristen bekommen davon in der Regel nichts mit, aber die Seychellen haben mit einem ernsthaften Drogenproblem zu kämpfen. Ursächlich dafür ist die geografische Lage an einer internationalen Drogenroute und die schwierige Überwachung des großflächigen Küstengebiets. Auch wenn der Besitz von Drogen auf den Seychellen illegal ist, sind etwa 10 % der Bevölkerung heroinabhängig, darunter viele junge Leute.

Vallée de Mai, Praslin

DAS ABENTEUER BEGINNT

BESTE REISEZEIT

Wenn du warme Temperaturen magst, bist du auf den Seychellen richtig – egal, zu welcher Jahreszeit. Die Temperaturen schwanken zwar kaum, doch im Jahresverlauf führen wechselnde Windrichtungen durchaus zu spürbaren klimatischen Unterschieden.

Je nach vorherrschendem Monsun unterscheidet sich das Wetter deutlich:

MAI BIS OKTOBER (SÜDOSTMONSUN):

Die Temperaturen sind etwas milder und es regnet weniger. Das Meer wirkt jedoch rauer, und die Unterwassersicht ist eingeschränkter. An den südöstlich gelegenen Stränden können starke Wellen und Strömungen auftreten. Zum Schwimmen und Schnorcheln eignen sich daher bevorzugt die Nordweststrände.

NOVEMBER BIS APRIL (NORDWESTMONSUN):

Die Temperaturen steigen, aber auch Niederschläge und Luftfeuchtigkeit nehmen zu. Da der Wind nachlässt, ist das Meer ruhiger und die Sicht unter Wasser deutlich besser.

MÄRZ/APRIL UND OKTOBER/NOVEMBER (ÜBERGANGSMONATE):

In diesen Phasen vollzieht der Wind die Richtungsänderung. Meist herrscht nahezu Windstille, die Meeresoberfläche ist glatt und die Unterwassersicht phänomenal. Gleichzeitig erreichen Temperaturen und Luftfeuchtigkeit ihren Jahreshöhepunkt.

Grundsätzlich sind die Seychellen ganzjährig tropisch warm. Welche Reisezeit ideal ist, hängt von deinen persönlichen Vorlieben ab: Wenn du Wert auf gute Schnorchel- und Tauchbedingungen legst, solltest du deine Reise auf die Übergangsmonate zwischen den Monsunwinden legen. Für einen Wanderurlaub sind die milderen Monate zwischen Mai und Oktober besser geeignet.

REISEVORBEREITUNGEN

EINREISEDOKUMENTE

Für die Einreise benötigst du einen gültigen Reisepass, der mindestens bis zur Rückreise in dein Heimatland gültig ist. Ein Visum ist für eine Urlaubsreise auf die Seychellen nicht erforderlich. Vor dem Abflug musst du jedoch eine digitale Einreisegenehmigung beantragen, um eine Besuchererlaubnis von bis zu drei Monaten zu erhalten. Diese kann bei Bedarf verlängert werden.

DIGITALE EINREISE-GENEHMIGUNG

Jeder Urlauber muss vor der Einreise auf die Seychellen eine digitale Einreisegenehmigung (Travel Authorization) beantragen. Dies ist frühestens 30 Tage vor der Einreise möglich, entweder auf der Website der seychellischen Regierung oder in der App. Die Gebühr beträgt derzeit 10 €. Für den Antrag benötigst du folgende Dokumente bzw. Informationen:

- ein Foto oder einen Scan deines Reisepasses
- ein aktuelles Foto oder Selfie von dir
- deine Kontaktdaten
- Buchungsbestätigung(en) deines Hin- und Rückfluges
- Buchungsbestätigung(en) deiner Unterkunft bzw. Unterkünfte auf den Seychellen
- eine Kredit- oder Debitkarte

Bitte beachte: Bei der Antragstellung benötigst du einen lückenlosen Nachweis über deine gebuchten Unterkünfte. Ansonsten kannst du nicht einreisen. Eine spontane Zimmerbuchung vor Ort stellt somit keine Option dar.

Im Antragsprozess hast du die Möglichkeit, eine SIM-Karte inkl. Datenvolumen sowie eine Fahrkarte für die öffentlichen Busse zu kaufen. Beide kannst du nach deiner Ankunft am Flughafen abholen.

Nachdem du den Einreiseantrag vollständig ausgefüllt und abgesendet hast, erhältst du eine Eingangsbestätigung per E-Mail. Beachte, dass die Bearbeitung deines Antrags durch die seychellischen Behörden bis zu 24 Stunden dauern kann; meistens geht es jedoch schneller. Die Einreisegenehmigung, die du als PDF per E-Mail erhältst, solltest du ausdrucken oder auf deinem Handy speichern.

www.seychelles.govtas.com

IMPFUNGEN

Verpflichtende Impfungen gibt es für Reisende aus Deutschland nicht. Allgemein werden aber für jegliche Reisen die Standardimpfungen sowie eine Impfung gegen Hepatitis A empfohlen. Eine Gelbfieberimpfung ist nur nötig, wenn du aus einem Gelbfiebergebiet einreist. Sie wird nicht benötigt, wenn es sich lediglich um einen Transit-Aufenthalt in einem Gelbfiebergebiet über eine Dauer von weniger als zwölf Stunden handelte und der Flughafen nicht verlassen wurde.

AUSLANDSKRANKENVERSICHERUNG

Für die Einreise auf die Seychellen ist eine Auslandskrankenversicherung zwar nicht notwendig, der Abschluss einer solchen wird vom Auswärtigen Amt jedoch ausdrücklich empfohlen.

ICH PACKE MEINEN KOFFER

- [ ] Reisepass
- [ ] digitale Einreisegenehmigung
- [ ] nationaler Führerschein
- [ ] Sonnenschutzcreme (mind. LSF 30, besser LSF 50)
- [ ] Sonnenbrille
- [ ] Kopfbedeckung
- [ ] UV-Shirt
- [ ] Wanderschuhe
- [ ] Wasserschuhe
- [ ] Flip-Flops
- [ ] Badesachen
- [ ] Schnorchelausrüstung
- [ ] Reiseapotheke
- [ ] Regenjacke oder Regenschirm
- [ ] Mückenschutzmittel
- [ ] Reisetabletten
- [ ] Stromadapter Typ G (240 V, 50 Hz)
- [ ] Taschenlampe
- [ ] Ggf. Impfpass
- [ ] Empfohlen: Auslandskrankenversicherung

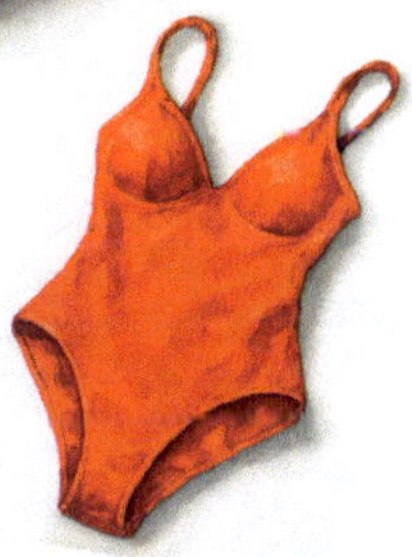

ANREISE

Ein Direktflug aus dem deutschsprachigen Raum auf die Seychellen dauert rund zehn Stunden. Condor fliegt von September bis April freitags ohne Zwischenstopp von Frankfurt nach Mahé. Ab Ende Oktober 2025 bietet Discover Airlines die gleiche Strecke im Winterflugplan zweimal wöchentlich an, mit Abflug am Dienstag und Sonntag. Die Schweizer Fluggesellschaft Edelweiss fliegt zwischen September und Mai immer samstags direkt von Zürich nach Mahé.

Wer nicht so viele Stunden am Stück im Flugzeug sitzen möchte, kann die Reise auch mit einer anderen Airline antreten. Für Flüge mit einem meist drei- bis vierstündigen Zwischenstopp bieten sich z. B. folgende Fluggesellschaften an:

- Qatar Airways:
  Zwischenstopp in Doha
- Emirates:
  Zwischenstopp in Dubai
- Etihad:
  Zwischenstopp in Abu Dhabi
- Turkish Airlines:
  Zwischenstopp in Istanbul
- Ethiopian Airlines:
  Zwischenstopp in Addis Abeba

Hin- und Rückflugtickets beginnen bei etwa 750 € – im Regelfall liegen Economy-Tickets eher im Bereich von 800 bis 900 €.

Bei einigen Airlines kann bei der Buchung auch Praslin als Zielort ausgewählt werden. In diesen Fällen fliegst du nach einer kurzen Wartezeit am Flughafen in Mahé mit Air Seychelles per Inlandsflug weiter nach Praslin.

ANKUNFT AM FLUGHAFEN

Der internationale Flughafen Mahé (SEZ) liegt etwa 10 km südlich von Victoria. Nach der Landung solltest du für die Einreiseformalitäten und Gepäckabholung etwa eine Stunde einplanen. Meist geht es aber schneller.

In der Ankunftshalle kannst du die SIM- und Buskarten abholen, die du bei der Beantragung der Einreisegenehmigung gekauft hast, Geld wechseln oder Seychellen-Rupien von einem der drei Geldautomaten abheben.

Nach der langen Anreise kannst du in der Seybar erst einmal verschnaufen – und bei einem Kokosnusswasser den Blick auf die palmenbewachsenen Berghänge genießen.

Du kannst jetzt zuerst Mahé mit ihrer Hauptstadt Victoria besichtigen oder gleich nach Praslin oder La Digue weiterreisen und Mahé am Ende deiner Rundreise besuchen.

WEITERFAHRT NACH VICTORIA

MIT DEM MIETWAGEN

Am flexibelsten lässt sich Mahé mit einem Mietwagen erkunden. Am Flughafen in Mahé gibt es eine Reihe von Mietwagenanbietern. Um Zeit und Kosten zu sparen, ist eine vorherige Reservierung empfehlenswert.

MIT DEM BUS

Wenn du die Ankunftshalle des Flughafens verlässt und auf dem Gehweg an der East Coast Road nach links gehst, kommst du zu zwei Bushaltestellen. Die erste Bushaltestelle liegt auf der gegenüberliegenden Straßenseite; hier hält der Bus Richtung Victoria. Die Fahrt dorthin dauert etwa eine halbe Stunde. In Victoria befindet sich der zentrale Busbahnhof von Mahé, von dem aus regelmäßig Busse in alle Himmelsrichtungen fahren.

Wenn du auf der East Coast Road noch ein Stück weiter gehst, kommst du an eine zweite Haltestelle, an der die Busse in Richtung Süden halten. Mit diesen Bussen kannst du beispielsweise zur Anse Royale fahren.

Falls du mit viel Gepäck anreist, kannst du den öffentlichen Bus leider nicht in Anspruch nehmen, da Passagieren mit Koffern oder größeren Gepäckstücken der Zustieg in der Regel verweigert wird.

MIT DEM TAXI

Vor der Ankunftshalle warten bereits mehrere Taxis auf die ankommenden Touristen. Der Preis kann je nach Taxifahrer und Verhandlungsgeschick stark variieren. Die Preisspanne für eine Fahrt nach Victoria reicht grob von 400 bis 600 SCR (ca. 24 bis 36 €).

WEITERFAHRT ZUM FÄHRHAFEN

Die Fähren nach Praslin und La Digue fahren vom Cat Cocos Terminal ab, der knapp 10 km vom Flughafen entfernt liegt.

MIT DEM TAXI

Eine Taxifahrt vom Flughafen zum Fährhafen dauert, abhängig von der Verkehrslage, zwischen 15 und 25 Minuten und kann zwischen 500 und 600 SCR kosten (ca. 30 bis 36 €).

MIT DEM SHUTTLEBUS

Auf den Webseiten von Seychellesbookings und SeyFerry wird ein Shuttlebus-Service vom Flughafen zum Fährhafen angeboten. Die Fahrzeiten richten sich nach den Ankunftszeiten der internationalen Flüge. Wenn du ein Ticket für die Fähre buchst, kannst du den Shuttlebus für 10 bzw. 11 € gleich hinzubuchen.

www.seychellesbookings.de
www.seychelles-ferry.com

TIPP:
Am Fährhafen gibt es einen Imbissstand mit leckeren Getränken und Snacks (Ex Juice Me Café Bar) und ein Restaurant, das italienische Gerichte, Fisch, Sandwiches und Salate anbietet (Spice).

WEITERREISE PER INLANDSFLUG

Am Flughafen in Mahé gibt es einen internationalen sowie einen nationalen Terminal. Die von Air Seychelles durchgeführten Inlandsflüge nach Praslin starten vom nationalen Terminal und sind auf die internationalen Flüge abgestimmt, sodass sich die Aufenthaltszeit am Flughafen in Grenzen hält. Bei einem direkten Weiterflug nach Praslin wird dein Gepäck nicht automatisch an den nationalen Terminal weitergeleitet. Nach der Landung in Mahé musst du deine Koffer zunächst an der Gepäckausgabe abholen und diese anschließend am Schalter von Air Seychelles für den Weiterflug neu einchecken.

www.airseychelles.com

INSELHÜPFEN ZWISCHEN MAHÉ, PRASLIN UND LA DIGUE

Ob du alle drei Inseln oder nur eine oder zwei besuchst, bleibt dir überlassen. Der Besuch aller Hauptinseln ist jedoch insofern lohnend, da jede Insel einen ganz eigenen Charakter besitzt: Mahé steht für landschaftliche und kulturelle Vielfalt, Praslin ist die Insel der Coco de Mer und La Digue ist einfach nur entspannt. Was die Besuchsreihenfolge angeht, gibt es kein Richtig und kein Falsch. Um unnötigen Stress zu vermeiden, empfiehlt es sich, vor dem Rückflug mindestens eine Übernachtung auf Mahé einzuplanen, denn aufgrund schlechter Wetterbedingungen können Inlandsflüge verspätet in Mahé eintreffen. Ebenso unerfreulich ist es, einen mehrstündigen Rückflug anzutreten, wenn du gerade erst mit Mühe und Not eine wackelige Überfahrt mit der Fähre überstanden hast.

Inselhüpfen auf eigene Faust könnte einfacher nicht sein. Mahé, Praslin und La Digue sind über regelmäßige Fährverbindungen miteinander verbunden. Die Fähren bringen Reisende mehrmals täglich von einer Insel auf die andere. Noch bequemer und schneller geht es mit einem Inlandsflug zwischen Mahé und Praslin; auf La Digue gibt es keinen Flughafen. Ein besonderes Erlebnis ist die Anreise mit einem Helikopter.

MIT DER FÄHRE

Die drei Hauptinseln sind durch regelmäßig verkehrende Fähren verbunden. Die Cat Cocos schippert von Mahé über Praslin nach La Digue und wieder zurück. Die Cat Rose pendelt ausschließlich zwischen Praslin und La Digue. Sie ist auch unter dem Namen Inter Island Ferry bekannt.

Bei stärkerem Wind kann die Überfahrt eine wackelige Angelegenheit werden. Die Seychellois sind daran gewöhnt; manche Touristen hingegen unterschätzen die raue See, wodurch die anfängliche Vorfreude schnell ins Gegenteil umschlagen kann. Reisende mit empfindlichem Magen sollten daher rechtzeitig mit einer Reisetablette vorsorgen. Bewährt haben sich außerdem das Kauen von Ingwer und das Meiden schwerer Mahlzeiten vor der Fahrt.

Auch wenn du der bevorstehenden Schifffahrt nun mit Skepsis gegenüberstehst, sind die Eindrücke und Erlebnisse, die dich auf den Inseln erwarten, es allemal wert, die Zähne zusammenzubeißen. Und wenn die Angst vor der Überfahrt doch zu groß ist, kannst du dich immer noch für einen Inlandsflug entscheiden.

CAT COCOS

Die Schnellfähre Cat Cocos fährt zwei- bis dreimal täglich von Mahé nach Praslin und anschließend weiter nach La Digue. Die Fahrtzeit von Mahé nach Praslin beträgt etwa eine Stunde und fünfzehn Minuten. Eine halbe Stunde später kommt die Cat Cocos in La Digue an. An Samstagen und Sonntagen gibt es eine Direktfähre, die von La Digue nach Mahé in einer Stunde und fünfzehn Minuten fährt (ohne Zwischenstopp auf Praslin).

Die Cat-Cocos-Fähren verfügen über drei Buchungsklassen: Economy Coco de Mer (Hauptdeck, innen), Economy Island Hopper Upper Deck (Oberdeck, außen) und Lazio Lounge (Business Class, innen). Reisende, die empfindlich auf stärkeren Wellengang reagieren, sollten einen Platz an der frischen Luft wählen, am besten in der hinteren Mitte des Oberdecks.

Fahrtdauer und Preise für die Cat Cocos:

	Dauer	**Preis**
von Mahé nach Praslin	*1:15 h*	52-62 €
von Mahé nach La Digue	*1:45 h*	62-74 €

Die genannten Preise beziehen sich auf ein Ticket für Erwachsene der Buchungsklasse Economy Coco de Mer und können je nach Umrechnungskurs und Buchungsplattform variieren. Für einen Platz auf dem Oberdeck kommen zusätzlich ca. 5 bis 6 € hinzu, für die Business

Class ca. 20 bis 24 €. Die Ticketpreise beinhalten die Hafengebühr. Der Rückfahrpreis ist identisch mit dem Preis für die Hinfahrt.

Die Überfahrt mit der Cat Cocos von Praslin nach La Digue kostet umgerechnet ca. 11 € in der niedrigsten Buchungsklasse.

CAT ROSE

Zwischen Praslin und La Digue verkehrt mehrmals täglich die Cat Rose. Die Überfahrt dauert eine Viertelstunde. Die Cat Rose verfügt nur über eine Buchungsklasse; die Sitzplätze können frei auf dem Innen- oder Außendeck gewählt werden.

Fahrtdauer und Preise für die Cat Rose:

	Dauer	Preis
von Praslin nach La Digue	0:15 h	16 €

Die genannten Preise beziehen sich auf ein Erwachsenen-Ticket und beinhalten die Hafengebühr. Der Preis für die Rückfahrt ist identisch.

SHUTTLESERVICE

Bei der Buchung über SeyFerry und Seychellesbookings kann optional ein Shuttlebus hinzugebucht werden, der dich in Mahé oder Praslin (nur Seychellesbookings) vom Flughafen zum Fährhafen bzw. vom Fährhafen zum Flughafen bringt. Idealerweise sollten zwischen der Ankunftszeit am Flughafen und der Abfahrtszeit am Fährhafen mindestens zwei Stunden liegen. Für Mahé, Praslin und La Digue ist über Seychellesbookings auch ein Bustransfer von bzw. zum Hotel möglich. Des Weiteren kann auch ein Shuttleservice zum Heliport auf La Digue gebucht werden.

Preise für den Shuttleservice:

Fährhafen	Flughafen	Hotel
Mahé	10–11 €	14 €
Praslin	14 €	14 €
La Digue	17 €	17 €

STANDORTE DER FÄHRHÄFEN

- Mahé: Cat Cocos Berth, Victoria
- Praslin: Ero Terminal, Baie Sainte Anne
- La Digue: La Digue Ferry Harbour, La Passe

FÄHRTICKETS

Tickets können zwar auch vor

Ort gekauft werden, um jedoch einen garantierten Platz zu erhalten, ist eine vorzeitige Onlinebuchung empfehlenswerter. Eine Ticketbuchung kann unter anderem auf den folgenden Webseiten vorgenommen werden:

Die offizielle Website von Cat Cocos bietet die besten Preise für Cat-Cocos-Fährtickets, ein Shuttlebus ist aber nicht hinzubuchbar. Fährtickets für die Cat Rose können auf dieser Seite nicht gebucht werden, dafür aber Tickets für Fahrten mit der Cat Cocos zwischen Praslin und La Digue, die günstiger sind als die Tickets für die Cat Rose.

www.catcocos.com

Auf der Website des Anbieters SeyFerry können Tickets für die Cat Cocos und die Cat Rose gebucht werden. Die Preise für die Cat-Cocos-Fähren sind etwas höher als bei einer Buchung über die Website von Cat Cocos. Ein Shuttlebus von bzw. zum internationalen Flughafen in Mahé kann hinzugebucht werden.

www.seychelles-ferry.com

Auf der Website von Seychellesbookings können Tickets für die Cat Cocos und die Cat Rose gebucht werden. Die Preise für die Cat-Cocos-Fähren sind etwas höher als bei einer Buchung über die Website von Cat Cocos. Ein Shuttlebus von bzw. zum Flughafen in Mahé oder Praslin, von bzw. zum Hotel und von bzw. zum Heliport auf La Digue können hinzugebucht werden.

www.seychellesbookings.de

MIT DEM FLUGZEUG

Wer sich für einen Inlandsflug entscheidet, kann die atemberaubende Wasserwelt der Seychellen aus der Vogelperspektive bewundern. Die Reise zwischen Mahé und Praslin mit dem Flugzeug anzutreten, kann aber auch ganz praktische Vorteile haben. Denn ein Inlandsflug empfiehlt sich vor allem für Reisende mit einem empfindlichen Magen, denen bei allzu rauer See schnell übel wird.

Air Seychelles pendelt mehrmals täglich mit einer kleinen Propellermaschine zwischen Mahé und Praslin. Ein Hin- und Rückflugticket ist ab ca. 160 € erhältlich. Die einfache Flugzeit beträgt 15 bis 20 Minuten.

Wer etwas exklusiver nach Praslin befördert werden möchte, kann das mit einem vier- oder achtsitzigen Leichtflugzeug von Zil Air. Der Überflug von Mahé nach Praslin ist ab 600 € buchbar.

www.airseychelles.com
www.zilair.com

MIT DEM HUBSCHRAUBER

Ein echtes Highlight ist die Weiterreise mit einem Helikopter. Dafür musst du allerdings etwas tiefer in die Tasche greifen. Zil Air bietet Helikoptertransfers zu den insgesamt 21 Helikopterlandeplätzen auf den Seychellen an. Neben Zielen auf Mahé, Praslin und La Digue werden auch andere Inner Islands wie Cerf, Silhouette oder Félicité angeflogen. Ein rund fünfzehnminütiger Helikopterflug von Mahé nach Praslin ist ab 916 € buchbar.

www.zilair.com

Frucht des Schraubenbaums (Pandanus utilis)

MAHÉ

Anse Major

MAHÉ

Mit einer Länge von 27 km und einer Breite von 8 km ist Mahé flächenmäßig die größte Insel der Seychellen.

Neben mehr als 60 erstklassigen Stränden hat Mahé auch eine üppige Flora und vielseitige Fauna, abenteuerliche Wanderwege sowie eine bunte Mischung aus Kultur und Geschichte. Auf Mahé lebt rund 90 % der Gesamtbevölkerung der Seychellen.

Mit Victoria und dem berühmten Strand Beau Vallon liegt das touristische Zentrum Mahés in der nördlichen Hälfte der langgezogenen Insel. An der Ostküste befinden sich neben dem Flug- und Fährhafen auch einige schöne Strände, wie die Anse Royale oder die Anse Forbans. Die höchste Stranddichte erwartet dich jedoch an der Westküste, an der sich ein spektakulärer Strand an den nächsten reiht. Im äußersten Norden und Süden ist die Natur ursprünglicher und wilder; hierher verschlägt es nur wenige Touristen.

Mahé verfügt über ein gut ausgebautes Straßennetz und lässt sich mit einem Mietwagen fast vollständig umrunden. Lediglich die südliche Spitze sowie der Küstenabschnitt westlich des Morne Seychellois National Park sind verkehrstechnisch schlecht erschlossen.

Rund ein Dutzend kleiner Inseln umgeben Mahé und sind mit einer kurzen Bootsfahrt erreichbar. Einige dieser Inseln sind für Tagesausflügler zugänglich und halten spannende Erlebnisse an Land und unter Wasser bereit.

Damit du dir ein umfassendes Bild von Mahé und den wichtigsten Sehenswürdigkeiten verschaffen kannst, solltest du dir mindestens vier Tage Zeit nehmen. Für eine ausführliche Erkundung, einschließlich eines Ausflugs auf eine oder mehrere der vorgelagerten Inseln, solltest du einige Tage mehr einplanen.

North Island
Silhouette
Roots Seychelles
Beau Vallon
VICTORIA
Sainte Anne
Sèche
Round
Moyenne
Long
Cerf
Eden Island
Cachée
Morne Seychellois National Park
Port Launay Beach
Tea Factory
Anonyme
Rat
Vallée des Fruits
Thérèse
Île aux Vaches
MAHÉ
Domaine de Val des Près
Trois Frères Distillery
INDISCHER OZEAN
Michael Adams Art Studio
Anse Soleil
Anse Royale
Petite Anse
Baie Lazare
Jardin du Roi
Cap Lazare Nature Reserve
Anse Takamaka
Anse Forbans
Anse Intendance

Castor Rd
5th June Ave
Flamboyant Ave
Olivier Maradan
Palm St
Market St
Albert St
Huteau Lane
Quincy St
Manglier St
Revolution Ave
Bel Air Rd
Independence
Laurier Rd
State House Ave
5th June Ave
Hodoul Island
Rue de la Possession
Latanier Rd
Liberation
Bois de Rose Ave
Botanical Garden Rd
Mont Fleuri Rd
N
W
S
1 Clock Tower
2 Sir Selwyn Selwyn-Clarke Market
3 Arul Mihu Navasakthi Vinayagar Temple
4 National Botanical Garden
5 National Museum of History
6 Natural History Museum
7 Jivan Imports Haus
8 Bel Air Cemetery
9 Cathedral of the Immaculate Conception
10 Bicentennial Monument

DIE HAUPTSTADT
VICTORIA

Wenngleich Victoria mit seinen rund 26 000 Einwohnern eher provinziell erscheint, ist es doch der einzige Ort auf den Seychellen, der wirklich als Stadt – oder eher Städtchen – bezeichnet werden kann. Das Stadtgebiet ist überschaubar und lässt sich problemlos zu Fuß erkunden. Ein halber Tag genügt, um die wichtigsten Sehenswürdigkeiten zu besichtigen und einen Eindruck von der Stadt zu gewinnen.

DIE HIGHLIGHTS

CLOCK TOWER

Der fünf Meter hohe Clock Tower ist ein Relikt aus der britischen Kolonialzeit. Die Miniaturversion des Londoner Big Ben wurde 1903 zum Andenken an die verstorbene Königin Victoria aufgestellt. Im Jahr 1935, zum Kronjubiläum von König George V., wurde der ursprünglich schwarze Clock Tower silberfarben angestrichen.

Neben dem Clock Tower befindet sich mit dem bunten Seychellen-Schriftzug ein weiteres beliebtes Fotomotiv.

Kreuzung Albert St / Independence Ave / Rue de la Possession / State House Ave, Victoria

SIR SELWYN SELWYN-CLARKE MARKET

Der Sir Selwyn Selywn-Clarke Market, benannt nach einem britischen Gouverneur der Seychellen, befindet sich inmitten des historischen Stadtzentrums. Der Markt ist nicht allzu groß und bietet eine gute Möglichkeit, um die kulinarische Vielfalt der Seychellen kennenzulernen. Im Erdgeschoss der teilüberdachten Markthalle erwarten dich zahlreiche Verkaufsstände mit fangfrischem Fisch, tropischen Früchten, Blumen, Gewürzen und Gemüse. Das Obergeschoss wird von Souvenirläden eingenommen. Die Markthändler sind freundlich und unaufdringlich. Die Bezahlung erfolgt in Seychellen-Rupien.

Market St, Victoria
Mo.–Fr. 7:00–16:00,
Sa. 7:00–13:00, So. geschlossen
€ *kostenlos*

HINWEIS:
Zum Zeitpunkt der Buchveröffentlichung war die historische Markthalle aufgrund von Renovierungsarbeiten geschlossen. Der Ersatzmarkt befindet sich in der Albert Street, neben dem Sham Peng Tong Plaza.

ARUL MIHU NAVASAKTHI VINAYAGAR TEMPLE

Unweit der Markthalle hebt sich der farbenfrohe Hindutempel deutlich vom restlichen Straßenbild ab. Der mit zahlreichen Figuren bestückte Tempel wurde 1992 für die hinduistische Gemeinschaft der Seychellen erbaut, deren Anteil rund 6 % der Bevölkerung ausmacht. Im Inneren des Tempels finden sich weitere bunte Wandverzierungen sowie eine Vielzahl klei-

SEYCHELLES HINDU KOVIL SANGAM

Wasserbananen

Aldabra-Riesenschildkröte

Blüte des Kanonenkugelbaums

ner Altäre und Götterskulpturen. Hier können Besucher, umgeben vom Duft der Räucherstäbchen, die spirituelle Atmosphäre auf sich wirken lassen. Denke vor Betreten des Tempels bitte daran, deine Schuhe auszuziehen und deine Kopfbedeckung abzunehmen.

- ***Quincy St, Victoria***
- *täglich 7:00–13:00 und 17:00–21:00*
- € *kostenlos*

Coco de Mer mit Schale

NATIONAL BOTANICAL GARDEN

Der Botanische Garten liegt rund 15 Gehminuten südlich des Stadtzentrums auf einer Anhöhe. Alternativ kannst du auch den Bus bis zur Bushaltestelle „Hospital Bus Stop" nehmen oder mit einem Mietwagen bis zum Parkplatz des Botanischen Gartens fahren.

Das Highlight des Gartens ist das Gehege mit den Aldabra-Riesenschildkröten, die gegen eine Gebühr von umgerechnet 5 € gefüttert werden können. Im Botanischen Garten gibt es etliche Coco-de-Mer-Palmen, einen chinesischen und thailändischen Garten, eine Reihe weiterer Pflanzen- und Tierarten sowie ein Café. Ein prominenter Besucher war der verstorbene Prince Philip, Duke of Edinburgh, der dort im Jahr 1956 einen Coco-de-Mer-Setzling pflanzte, der sich mittlerweile zu einer imposanten Palme entwickelt hat. Leider gibt es im Botanischen Garten kaum Schilder mit weiterführenden Informationen zu den Pflanzen und die Wegeführung wirkt etwas chaotisch. Vergiss bitte nicht, Mückenspray einzupacken!

Tickets kannst du entweder vor Ort (nur Kreditkarten-Zahlung) oder online kaufen.

- ***Mont Fleuri Rd, Victoria***
- *täglich 8:00–16:30*
- € *250 SCR (ca. 15 €)*
- *www.spga.gov.sc*

WEITERE SEHENSWÜRDIGKEITEN

NATIONAL MUSEUM OF HISTORY

In dem zentral gelegenen Museum findest du Ausstellungen zur Geschichte, Kunst und Kultur der Seychellen.

Independence Ave, Victoria
Mo. 9:30–12:30, Di.–Fr. 9:30–12:00 und 13:00–16:30, Sa. 9:30–12:30, So. geschlossen
€ *150 SCR (ca. 9 €)*
www.seychellesnationalmuseums.org

NATURAL HISTORY MUSEUM

Das kleine Museum beherbergt eine geologische Sammlung sowie Ausstellungen über die Tier- und Pflanzenwelt der Seychellen.

Independence Ave, Victoria
Derzeit wegen Renovierungsarbeiten geschlossen
www.seychellesnationalmuseums.org

JIVAN IMPORTS HAUS

Das kunterbunte Haus an der Kreuzung Albert Street und Market Street ist mit seinen lila Türen und gelben Rahmen kaum zu übersehen. Das Gebäude sieht aus wie ein modernes Kunstwerk; dabei wurde es bereits im 19. Jahrhundert errichtet. Im Erdgeschoss befindet sich ein Stoffgeschäft.

Albert St, Victoria

BEL AIR CEMETERY

Der Friedhof wurde Ende des 18. Jahrhunderts angelegt und beherbergt die Gräber der ersten Einwanderer; darunter das von einem gewissen Pierre-Louis Poiret, der angeblich ein Sohn des französischen Königs Ludwig XVI. sein soll. Ein Lost Place mit morbidem Charme.

Bel Air Rd, Victoria
€ *kostenlos*

CATHEDRAL OF THE IMMACULATE CONCEPTION

Die größte katholische Kirche der Seychellen wurde im Jahr 1874 errichtet. Das architektonisch auffällige Gebäude links neben der Kathedrale nennt sich Domus, ein im Jahr 1934 errichtetes Wohnhaus für Priester.

Olivier Maradan St, Victoria
täglich 6:00–17:00
€ *kostenlos*

BICENTENNIAL MONUMENT

Die Skulptur mit den drei weißen Flügeln wurde zu Ehren des 200. Geburtstages von Königin Victoria am Freedom Square aufgestellt. Die drei Flügel stehen für die Herkunftskontinente der seychellischen Bevölkerung: Afrika, Europa und Asien.

Kreuzung 5th June Ave / Flamboyant Ave / Diversion Rd / Independence Ave, Victoria

GASTROTIPPS

MARIE ANTOINETTE

Das wohl bekannteste Restaurant auf Mahé liegt rund zehn Gehminuten vom Stadtzentrum entfernt. Seit 1972 serviert das Marie Antoinette authentische kreolische Küche in einem altehrwürdigen Haus im Kolonialstil. Wer sich quer durch die Vielfalt der kreolischen Küche schlemmen möchte, sollte das „Marie Antoinette Signature Board" wählen. Die klassische Variante beinhaltet zahlreiche kleine Gerichte, von Curry über diverse Fischspezialitäten bis hin zu Chutneys und Salaten. Das Menü gibt es auch als vegetarische Variante.

Serret Rd, Victoria
Mo.–Sa. 12:00–15:00 und 18:00–22:00, So. geschlossen
Preisbeispiele:

- *Marie Antoinette Signature Board – klassische Variante 450 SCR (ca. 27 €)*
- *Marie Antoinette Signature Board – vegetarische Variante 350 SCR (ca. 21 €)*
- *karamellisierte Banane mit Vanilleeis 130 SCR (ca. 8 €)*

GLORIOUS BAKERY

Unweit der Cathedral of the Immaculate Conception befindet sich die Glorious Bakery in einem länglichen Steinhaus mit einem pink-grünen Eingang. Bereits beim Betreten des Lokals fällt der Blick auf eine gut gefüllte Vitrine, in der eine bunte Vielfalt an Kuchen, Torten und Donuts zur Schau gestellt wird. Wer eher Appetit auf herzhafte Speisen hat, kann zwischen leckeren Burgern, Sandwiches, Pasta und weiteren Gerichten wählen. Frühstücken ist in der Glorious Bakery ebenfalls möglich. Die Ausstattung ist modern und lädt zum Verweilen ein.

Am Beau Vallon gibt es einen Glorious Bakery Foodtruck. Eine weitere Filiale findest du auf La Digue.

Olivier Maradan St, Victoria
Mo.–Do. 8:00–21:00,
Fr.–So. 8:00–22:00
Preisbeispiele:
- *Creol Burger 250 SCR (ca. 15 €)*
- *English Breakfast 200 SCR (ca. 12 €)*
- *Passion Fruit Cake 35 SCR (ca. 2 €)*

POPPY CAFE

In dem kleinen Café in der Nähe des Freedom-Square-Fußballplatzes gibt es knusprige Panini und frische Waffeln mit leckeren Toppings. Auch einige süße und herzhafte Frühstücksvarianten werden angeboten, darunter das Veteran's Breakfast mit Würstchen, Eiern, Baked Beans und allem, was zu einem echten englischen Frühstück dazugehört. Gutes Essen zu einem unschlagbaren Preis-Leistungs-Verhältnis!

Freedom Square, Victoria
Mo.–Do. 8:00–16:30,
Fr. 8:00–17:00, Sa. 9:00–15:00,
So. geschlossen
Preisbeispiele:
- *Salate 130 SCR (ca. 8 €)*
- *Waffeln 50–100 SCR (ca. 3–6 €)*
- *Panini 70–95 SCR (ca. 4–6 €)*

GOU NOTIK CAFE

Das gemütliche Restaurant befindet sich etwas abseits des kleinstädtischen Trubels, nur wenige Gehminuten vom Fährhafen entfernt. Hier kannst du in ruhiger Atmosphäre und mit Blick auf das Hafenbecken ganz entspannt die Seele baumeln lassen. Die Speisekarte beinhaltet eine gute Mischung aus kreolischen und internationalen Gerichten, darunter verschiedene Salate, Suppen, Pizzen, Fisch- und Fleischgerichte. Zum Nachtisch kannst du dir eine Kuchenvariation mit Kokosnuss, Vanille und Takamaka-

Rum gönnen. Die Speisen überzeugen im Geschmack und sind fair bepreist. Parkplätze sind vor dem Restaurant vorhanden.

Flamboyant Ave, Victoria
Mo.–Mi. 8:00–22:00, Do.–Sa. 8:00–23:00, So. geschlossen
Preisbeispiele:
- *Spicy Fish Linguini 280 SCR (ca. 17 €)*
- *Spareribs mit Pommes und Salat 260 SCR (ca. 16 €)*
- *Kürbissuppe 130 SCR (ca. 8 €)*

ALOHA RESTAURANT AND BAR

Die Lage im Hafenviertel passt so gar nicht zu dem, was dich in diesem Restaurant erwartet. Das Restaurant wurde Ende 2023 eröffnet und bietet multinationale Fusionsküche auf hohem Niveau. Auf der Speisekarte stehen indische, asiatische und europäische Gerichte. Die Bandbreite reicht dabei von traditionell bis kreativ. Besonders interessant sind die gewagteren Kompositionen wie Truffle Chili Cheese Naan Bombs, Texas Roadhouse Chicken Bao oder Grilled Lemon Butter Garlic Fish. Die Preise sind für die angebotene Qualität und das kulinarische Erlebnis angemessen.

New Port, Docklands Building, Victoria (Veloutier Rd)
Mo.–Do. 12:00–22:00, Fr.–Sa. 12:00–23:00, So. 12:00–22:00
Preisbeispiele:
- *Truffle Lobster 499 SCR (ca. 30 €)*
- *Burnt Garlic Noodle mit Gemüse 225 SCR (ca. 14 €)*
- *Hot Chocolate Marshmallow 225 SCR (ca. 14 €)*

EINKAUFSTIPPS

YVES SOUVENIR CACHÉE

Etwa hundert Meter nördlich des Clock Towers findest du einen gut sortierten Souvenirladen mit einer großen Auswahl an Produkten lokaler Künstler. Hier kannst du originelle und farbenfrohe Klamotten, Schmuck, Kosmetikartikel, Bilder, Karten und noch vieles mehr kaufen.

Albert St, Victoria
Mo.–Fr. 9:00–16:00,
Sa. 9:00–13:00, So. geschlossen

STC HYPERMARKET

Der größte Supermarkt der Seychellen befindet sich am südöstlichen Stadtrand von Victoria in der Nähe des Hafens. Die Auswahl ist riesig und die Preise moderat.

Bois de Rose Ave, Victoria
Mo.–Sa. 9:00–19:00,
So. 8:00–13:00

NÜTZLICHES

PARKEN

In Victoria gibt es einige öffentliche Parkplätze, die kostenpflichtig sind. Der größte Parkplatz befindet sich neben dem Stadion an der Rue de la Possession. Von hier aus sind die ersten Sehenswürdigkeiten, wie der Clock Tower oder das National Museum of History, in wenigen Gehminuten erreichbar. Einen Parkschein kannst du für wenige Seychellen-Rupien im gegenüberliegenden Sinnasamy Snack Shop kaufen.

TOILETTEN

Öffentliche Toiletten befinden sich unter anderem an den folgenden Standorten:

- auf dem Parkplatz in der Albert Street, nördlich des Clock Towers
- auf dem Parkplatz neben dem Stadion
- in Shopping Malls (z. B. Orion Mall, Eden Plaza)

EDEN ISLAND

Die künstlich aufgeschüttete Insel liegt rund 4 km südöstlich von Victoria und ist über eine Brücke an die Hauptinsel angebunden. Das geradlinige Stadtquartier mit seinen luxuriösen Wohneinheiten, Restaurants und Boutiquen richtet sich vornehmlich an eine internationale Kundschaft. Die Insel weist eine gewisse Ähnlichkeit mit der Palmeninsel in Dubai auf, nur einige Dimensionen kleiner. Den ursprünglichen Seychellen-Charme sucht man an diesem Ort vergebens.

Hervorzuheben ist der große Supermarkt im Eden-Plaza-Einkaufszentrum, der im Gegensatz zu gewöhnlichen Einzelhandelsgeschäften auf den Seychellen ein beträchtliches Sortiment an nationalen und internationalen Lebensmitteln zu bieten hat; entsprechend hoch sind allerdings auch die Preise.

TIPP:
Von dem Aussichtspunkt La Misere Viewpoint, der etwa 10 Fahrminuten von der künstlichen Insel entfernt liegt, hast du einen tollen Blick auf Eden Island sowie den Sainte Anne Marine National Park.

GASTROTIPP

BAO

Zwischen Eden Island und dem internationalen Flughafen versteckt sich eines der kulinarischen Highlights von Mahé. Das gemütlich eingerichtete Lokal setzt auf vietnamesische Küche mit frischen Zutaten und exotischen Gewürzen. Neben einer großen Auswahl an traditionellen vietnamesischen Gerichten wird hier auch Sushi angeboten. Das vegetarische Angebot kommt im Bao ebenfalls nicht zu kurz. Nach der Hauptspeise solltest du noch Platz für den vielleicht besten Bananenkuchen der Insel lassen. Die Speisen können vor Ort verzehrt oder mitgenommen werden. Abendessen ist im Bao leider nicht möglich, da das Restaurant nur bis zum frühen Nachmittag geöffnet hat. Wenn du in dieser Zeit zufällig in der Nähe bist, solltest du hier definitiv einen Stopp einlegen.

Global Gateway 8, Rue de la Perle, Providence
Mo.–Fr. 8:00–15:30,
Sa. 8:00–14:00, So. geschlossen
www.bao.sc

Preisbeispiele:

- *Pork Soup Raviolis 175 SCR (ca. 11 €)*
- *Frühlingsrolle mit Hühnchen 80 SCR (ca. 5 €)*
- *Banh Bao = gefüllte Hefeteigtaschen 75 SCR (ca. 5 €)*

DOMAINE DE VAL DES PRÈS – CRAFT VILLAGE

Das Kunsthandwerkerdorf ist eine Nachbildung eines traditionellen kreolischen Dorfes, das Besuchern die Geschichte und kulturellen Handwerkstraditionen der Seychellen näherbringt. Zentraler Bestandteil des Dorfes ist das Plantagenhaus aus dem Jahr 1870, in dem früher eine britische Kolonialfamilie wohnte und das heute als Museum begehbar ist. Um das Plantagenhaus herum gruppieren sich ein Arbeiterhaus, das kreolische Restaurant Vye Marmit und zwölf Werkstätten, in denen handwerklich hergestellte Produkte wie Schmuck, Textilien oder Bilder ausgestellt und gekauft werden können. Das Maison Marengo, ein auf Fisch spezialisiertes Restaurant mit gehobenen Preisen, befindet sich im Eingangsbereich. Parkplätze und eine Bushaltestelle sind vorhanden.

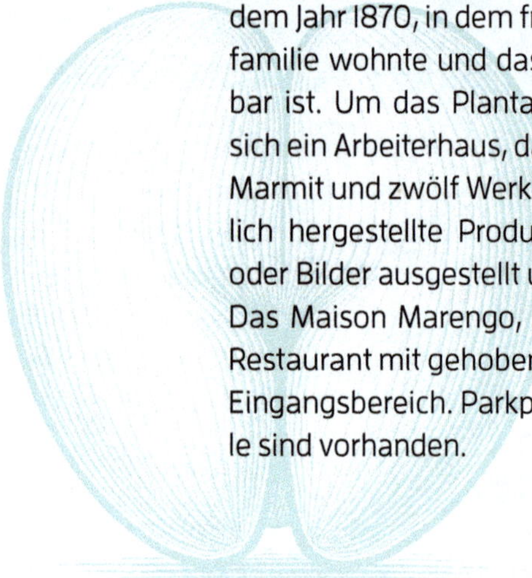

East Coast Rd, Au Cap

Domaine de Val des Près: Mo.–Sa. 9:00–17:00, So. geschlossen

Restaurant Vye Marmit: Mo.–Di. geschlossen, Mi.–Do. 12:00–15:00, Fr.–Sa. 12:00–15:00 und 19:00–21:00, So. 12:00–15:00

Restaurant Maison Marengo: Mo.–Sa. 12:00–22:00, So. geschlossen

www.seyheritage.sc

GASTROTIPP

SPICE & BAKE TAKE AWAY

Das unscheinbare Takeaway liegt fünf Fahrminuten in nördliche Richtung vom Kunsthandwerkerdorf entfernt. Neben den gängigen Fastfood-Klassikern werden dort auch Backwaren sowie frisch zubereitete und lecker gewürzte Gerichte der kreolischen Küche mit Fleisch, Fisch oder Gemüse angeboten. Die Lokalität ist bei Einheimischen und Touristen gleichermaßen beliebt, wodurch einige Gerichte bereits am frühen Nachmittag ausverkauft sein können. Da es in dem kleinen Laden keine Sitzmöglichkeiten gibt, werden die Speisen nur zum Mitnehmen angeboten.

Der Imbiss befindet sich in einem gelb-weißen Geschäftshaus mit grünem Dach und ist von der Straße aus leicht zu übersehen. Achte auf die weißen Schilder mit dem pinken Schriftzug des Takeaways. Parkplätze sind vor dem Lokal vorhanden.

Chalam Complex, East Coast Rd, Anse aux Pins

🕒 *Mo. 7:00–20:00, Di.–Fr. 7:00–21:00, Sa. 7:00–16:00, So. geschlossen*

Preisbeispiele:

- *veg. Pizza 140 SCR (ca. 8 €)*
- *Grillhähnchen 125 SCR (ca. 8 €)*
- *Club Sandwich 100 SCR (ca. 6 €)*

EINKAUFSTIPP

COCO DE MER COLLECTION

Hinter dem Kunsthandwerkerdorf befindet sich eine kleine Fabrik, die Parfüms aus Essenzen der Coco de Mer herstellt. Zum Verkaufssortiment zählen auch präparierte Coco-de-Mer-Samen (inklusive Zertifikat) sowie deren getrocknete Samenkerne. Die Coco-de-Mer-Nüsse werden unter Einhaltung nachhaltiger und ethischer Gesichtspunkte durch das lizenzierte Unternehmen bezogen und auf natürlichem Wege weiterverarbeitet. Besucher können im Rahmen einer kostenlosen Führung Näheres über die Coco de Mer, die daraus hergestellten Produkte sowie die Produktionsabläufe erfahren.

Au Cap (hinter dem Domaine de Val des Près)
Mo.–Sa. 9:00–16:00, So. geschlossen
www.cocodemerseychelles.com

Preisbeispiele:

- *Coco de Mer ab 8.500 SCR (ca. 510 €)*
- *Parfüm 75 ml 900–950 SCR (ca. 54–57 €)*
- *Parfüm 50 ml 600 SCR (ca. 36 €)*
- *Parfüm 10 ml 250 SCR (ca. 15 €)*

TROIS FRÈRES DISTILLERY

(TAKAMAKA RUM DISTILLERY)

Auf dem Gutshofgelände der ehemaligen Gewürzplantage La Plaine St. André befindet sich eine Brennerei, in der das bekannteste alkoholische Getränk der Seychellen hergestellt wird: Takamaka-Rum.

Die Trois Frères Distillery wurde 2002 von den Brüdern Richard und Bernard d'Offay mit dem bescheidenen Ziel gegründet, guten Rum herzustellen. Herausgekommen sind einige erstklassige Rumsorten, die von den charakteristischen Aromen der Seychellen inspiriert wurden. Das Sortiment reicht von Ananaslikör auf Rumbasis über Spiced Rum bis hin zu mehrjährig in Eichenfässern gereiftem Rum. Takamaka-Rum wird in zahlreiche Länder exportiert, darunter Deutschland.

Besucher der Brennerei können mehrmals täglich an einer kostenlosen Führung über das Areal teilnehmen. Im Anschluss ist für umgerechnet ca. 9 € die Teilnahme an einer Verkostung mehrerer Takamaka-Sorten möglich. Weitere Cocktails und Getränke gibt es an der Rum-Hütte im Garten, der auch das Zuhause zweier Aldabra-Riesenschildkröten namens Taka und Maka ist. Für das leibliche Wohl sorgt ein Foodtruck, an dem Burger und Sandwiches verkauft werden. Im hauseigenen Shop kannst du Rum und farbenfrohe Souvenirs kaufen. Jeden Freitagabend von 17 bis 22 Uhr findet auf dem Gelände eine Gartenparty mit Cocktails, Streetfood und Live-Musik statt.

Rum und Autofahren vertragen sich bekanntlich nicht gut, aber zum Glück gibt es Bushaltestellen in der Nähe. Wenn du das Brennereigelände verlässt, geht es zu deiner Linken rund 500 Meter die Straße entlang bis zur Haltestelle für die Busse in Richtung Victoria. Die Haltestelle für die Busse in Richtung Süden liegt entsprechend zu deiner Rechten und ist nur rund 200 Meter entfernt. Bitte denke daran, dass spätabends keine Busse mehr fahren. Die tagesaktuellen Fahrzeiten findest du in der SPTC App.

East Coast Rd, Au Cap
Brennerei: Mo.–Sa. 10:30–16:30, So. geschlossen
Führungen: Mo.–Fr. 11:00 / 13:00 / 15:00, Sa. 11:00 / 14:00
€ *Eintritt: kostenlos*
Führungen: kostenlos
Verkostung: 150 SCR (ca. 9 €)
www.takamakarum.com

TIPP:
Am Flughafen gibt es einen weiteren Takamaka Shop im 1. Obergeschoss des Duty-free-Bereichs.

GASTROTIPP

LO BRIZAN SEYCHELLES RESTAURANT & GALLERY

Auf der Speisekarte des geschmackvoll eingerichteten Restaurants finden sich hauptsächlich kreolische Gerichte, die besonders appetitlich in Szene gesetzt werden und auch geschmacklich absolut überzeugen. Neben diversen Grillspezialitäten werden im Lo Brizan perfekt gewürzte Currys serviert, darunter Oktopus-Curry, Gelbflossen-Thunfisch-Curry oder die vegetarischen Varianten mit Kichererbsen oder Gemüse. Zum Nachtisch gibt es unter anderem Papaya-Eis oder flambierte Banane. Auch die Auswahl an Cocktails kann sich sehen lassen. Ein schönes Ambiente mit Meerblick gibt es kostenlos dazu. Die Preise sind gehoben, aber für die Lokalität und die Qualität der Gerichte angemessen. In dem Gebäude befindet sich auch eine Boutique, in der originelle Souvenirs von lokalen Künstlern verkauft werden. Parkplätze sind ausreichend vorhanden.

East Coast Rd, Au Cap
täglich 9:00–22:00
Preisbeispiele:

- *gegrillte Lammkoteletts 525 SCR (ca. 32 €)*
- *Thunfisch-Steak 445 SCR (ca. 27 €)*
- *Vegetable Curry 355 SCR (ca. 21 €)*

ANSE ROYALE

Der rund 1,5 km lange Strand wird an manchen Stellen von Granitfelsen unterbrochen und verfügt über ein vorgelagertes Riff. Mit einer Wassertiefe von bis zu drei Metern eignet sich die Anse Royale bestens zum Schwimmen und Schnorcheln. In der Zeit zwischen November und April sind die Schnorchelbedingungen am günstigsten, denn dann weht der Wind aus nordwestlicher Richtung, wodurch das Meer an den südöstlichen Stränden ruhiger ist und die Sicht unter Wasser besser. Gute Schnorchelspots befinden sich vor allem im nördlichen Bereich, z. B. in der Nähe der kleinen Insel Ile Souris oder am Fairyland Beach. In den Monaten von Mai bis Oktober kommt der Wind aus Südosten; in dieser Zeit ist das Wasser an der Anse Royale unruhiger, wodurch Seegras angespült werden kann.

Die Anse Royale zählt zu den bekannteren Stränden von Mahé und ist sowohl bei Einheimischen als auch Touristen sehr beliebt. An Wochenenden kann hier stellenweise etwas mehr los sein. Die Bucht ist jedoch lang genug, sodass sich trotz der höheren Besucherzahlen stets ein freier Platz finden sollte. Am Strand gibt es einige Stände, an denen Obst gekauft oder Paddelboote ausgeliehen werden können.

Die Anse Royale liegt in der Nähe der East Coast Road; ein kleiner Parkplatz im Norden sowie einige Parkbuchten in Strandnähe sind vorhanden. Auch mit dem Bus ist der Strand von Victoria aus gut erreichbar. Eine Reihe von Palmen und Takamakabäumen dient als natürlicher Sichtschutz zur Straße; an manchen Stellen kommen die Motorengeräusche aber dennoch durch.

Die Saint Joseph Church vor der Anse Royale

GASTROTIPPS

ROYAL BAY BEACH CLUB

In der Mitte der Anse Royale, direkt hinter der Police Station, befindet sich eine charmante kleine Strandbar. Die rustikalen Holzmöbel sind direkt am Strand platziert, sodass du beim Essen eine traumhafte Aussicht auf das türkisblaue Meer genießen kannst. Schattenspendende Palmen und chillige Musik tragen zur entspannten Atmosphäre bei. Die Spezialität des Hauses ist fang-

frischer Fisch vom Grill, der auf einem Bananenblatt mit Reis und Salat serviert wird. Angebot und Preise können variieren, je nachdem, welcher Fisch und welche Zutaten gerade vorhanden sind. Zugegebenermaßen sind die Gerichte nicht ganz günstig, dafür sind die Portionen groß und lecker gewürzt – darüber hinaus hat die einzigartige Atmosphäre natürlich auch seinen Preis. Am besten vorab reservieren bzw. vorbestellen (Instagram: royalbaybeachclub).

Im Royal Bay Beach Club können auch Paddelboote und Glasbodenkajaks gemietet werden. Toiletten und eine Dusche sind vorhanden.

Anse Royale

◷ Mo.–Fr. 10:00–21:00, Sa. 9:00–23:00, So. 10:00–20:00

Preisbeispiele:

- *gegrillter Fisch um die 500 SCR (ca. 30 €)*
- *Thunfisch-Steak 450 SCR (27 €)*
- *Mojito 175 SCR (ca. 11 €)*

COUSINE ROYALE

Am südlichen Ende der Anse Royale steht eine blaue Hütte am Straßenrand, an der es leckere Gerichte zu erschwinglichen Preisen gibt. Wie bei Takeaways üblich, werden neben Burgern, Würstchen und frittierten Snacks auch frisch zubereitete kreolische Gerichte angeboten. Besonders hervorzuheben sind der gebratene Reis und die gebratenen Nudeln, doch auch das gut gewürzte Schweinefleisch und das Hähnchen süßsauer schmecken ausgezeichnet. Die angebotenen Gerichte, insbesondere die kreolischen, können von Tag zu Tag variieren. Auf Vorbestellung gibt es gegrillten Fisch. Das Preis-Leistungs-Verhältnis des Cousine Royale ist kaum zu übertreffen, bezahlt werden kann nur in bar. Zum Takeaway gehört ein gemütlicher Außenbereich mit schöner Aussicht auf das Meer. Parkplätze sind vorhanden.

South Coast Rd, Anse Royale

◷ Mo.–Fr. 12:00–20:00, Sa.–So. 13:00–20:00

Preisbeispiele:

- *Goat Curry 150 SCR (ca. 9 €)*
- *gebratene Nudeln 125 SCR (ca. 8 €)*
- *Spicy Pork 125 SCR (ca. 8 €)*

JARDIN DU ROI

Auf einer Anhöhe in der Nähe der Anse Royale liegt der Gewürzgarten Jardin du Roi. Das rund 25 Hektar große Areal ist eine Mischung aus botanischem Garten, Gewürzplantage und tropischem Wald. Neben Blumen, Gewürzen und exotischen Obstbäumen sind auch einige Coco-de-Mer-Palmen vorzufinden. In einem Gehege tummeln sich Riesenschildkröten. Im unteren Bereich des Gartens erwartet dich eine beeindruckende Aussicht in Richtung Anse Royale.

Besucher erhalten am Eingang eine Übersichtskarte mit mehreren Wanderwegen sowie ein Pflanzenverzeichnis. Die Erkundung des Gartens erfolgt auf eigene Faust. Ausführliche Informationstafeln zu den einzelnen Pflanzen solltest du jedoch nicht erwarten.

Zum Jardin du Roi gehört auch ein kleiner Souvenirladen, in dem Gewürze gekauft werden können, die im Garten angebaut wurden. Außerdem gibt es ein Restaurant, das Crêpes, Fisch und kreolische Speisen serviert. Das selbstgemachte Eis wird in interessanten Geschmacksrichtungen wie Zitronengras, Zimt oder Muskatnuss angeboten. Die Preise des Restaurants sind gehoben.

Die Anfahrt zum Jardin du Roi ist schlecht ausgeschildert und aufgrund der Straßenführung und -steigung etwas abenteuerlich. Von der Ostseite der Insel kommend, geht es zunächst von der South Coast Road über die Les Canelles Road bergauf. Anschließend biegst du vor dem gelben Haus des SPR Shopping links in die Sweet Escott Road ab. Nach ca.

300 Metern führt auf der rechten Seite eine enge Straße steil nach oben. Das letzte Teilstück sieht zwar nicht so aus, aber du bist wirklich auf dem richtigen Weg und am Ende erwartet dich der Parkplatz des Jardin du Roi.

Etwas umständlicher ist der Garten mit dem Bus zu erreichen. Die Bushaltestelle befindet sich in der Les Canelles Road, kurz vor dem SPR Shopping. Anschließend steht dir ein mühseliger, aber lohnender Aufstieg bevor.

Leider treiben im Jardin du Roi viele Stechmücken ihr Unwesen, daher bitte Mückenspray nicht vergessen!

Anse Royale, Nähe Sweet Escott Rd
täglich 10:00–17:30
€ *175 SCR (ca. 11 €)*

Frisch geerntete Muskatnüsse

GASTROTIPP

PERRY'S GRILLZ

Das charmante Restaurant liegt in den Bergen und wird von einem dicht bewachsenen Wald umgeben. Vom Jardin du Roi sind es nur wenige Fahrminuten. Der Weg dorthin führt über die Les Canelles Road und anschließend über eine Abzweigung nach oben. Kurz darauf beginnt der Weg abenteuerlich zu werden, denn die Bergstraße ist holprig und wird zunehmend enger und steiler. Achte auf Schilder, die dir den richtigen Weg weisen.

Bist du schließlich am Restaurant angekommen, erwartet dich eine herrliche Aussicht auf die sattgrüne Vegetation, in der sich auch viele Flughunde heimisch fühlen. In dem Grillrestaurant werden vor allem Fischfans voll auf ihre Kosten kommen – und das zu absolut fairen Preisen. Darüber hinaus werden auch Fleischgerichte und einige vegetarische Optionen angeboten. Zum Nachtisch gibt es unter anderem hausgemachten Bananenkuchen, flambierte Banane mit Rum oder Kokosflan mit Eis.

Das Restaurant bietet für 150 SCR (ca. 9 €) einen Fahrservice von bzw. zu deiner Unterkunft an. Auf Wunsch werden Bestellungen auch geliefert; die Liefergebühr beträgt 100 SCR (ca. 6 €).

Les Canelles Rd

Mo.–Di. 12:00–21:00,
Mi. geschlossen,
Do.–So. 12:00–21:00

Preisbeispiele:

- *Catch of the Day 350–780 SCR (ca. 21–47 €)*
- *gegrilltes Rinderfilet 399 SCR (ca. 24 €)*
- *vegetarisches Curry 145 SCR (ca. 9 €)*

ANSE FORBANS

Die idyllische, von viel Grün umrahmte Bucht wird durch Granitfelsen in drei Strandabschnitte unterteilt, die allesamt nur wenig besucht sind, hauptsächlich von den Gästen der umliegenden Unterkünfte. Der Einstieg ins Wasser ist flach und durch das vorgelagerte Riff ist das Meer tendenziell ruhiger. Zur Zeit des Südostmonsuns, in den Monaten von Mai bis Oktober, kann es aber auch an der Anse Forbans etwas windiger werden, inklusive höherer Wellen und Seegras. Beim Schnorcheln in Strandnähe kannst du einige Fische sehen. Achte dabei aber stets auf Steine und Seeigel. Vom Giant Beach Rock hast du eine tolle Aussicht über die Bucht.

Spezielle Strandparkplätze sind nicht vorhanden, du kannst dein Auto aber am Straßenrand abstellen. Wenn du mit dem Bus anreist, befindet sich die Bushaltestelle in der Nähe des Hilton Allamanda Resorts. Rechts neben dem Hotel führt ein Trampelpfad direkt zum Strand.

Aussicht vom Giant Beach Rock

GASTROTIPP

KOKO ZERM

Auf der gegenüberliegenden Straßenseite des Hilton Allamanda Resorts gibt es einen kleinen Imbiss, der frische und leckere Gerichte zu guten Preisen anbietet. Die Auswahl reicht von verschiedenen kreolischen Gerichten über Samosas, Burger, Wraps und Pizza. Besonders der Fischburger erfreut sich großer Beliebtheit. Gesunde und vegetarische Optionen werden ebenfalls angeboten. Auf Vorbestellung gibt es sogar Steak oder gegrillten Fisch. Zum Nachtisch kannst du zwischen selbstgemachtem Eis, Bananenbrot oder Kuchen wählen. Die Speisen können vor Ort verzehrt oder mitgenommen werden.

South Coast Rd. Anse Forbans
Mo.–Sa. 9:00–18:00, So. geschlossen
Preisbeispiele (Mitnahmepreise):

- *Veg Wrap 125 SCR (ca. 8 €)*
- *Fish Burger 90 SCR (ca. 5 €)*
- *Ham & Cheese Sandwich 75 SCR (ca. 5 €)*

EINKAUFSTIPP

COCO FARM

Die Coco Farm ist ein lokales Unternehmen, das zu 100 % natürliche Kokosprodukte herstellt. Zum Sortiment zählen u. a. Kokosnussöle, Kokosnusscreme und frisches Kokosnusswasser. Kokosnussöl kann z. B. zum Kochen, aber auch als vielseitiges Pflegeprodukt für Haut und Haare verwendet werden. Bei dem Öl der Coco Farm handelt es sich um das besonders hochwertige Virgin Coconut Oil, das aus dem Kokosnussfleisch frischer Kokosnüsse gewonnen wird und im Vergleich zu konventionellem Kokosnussöl mehr Vitamin E und Mineralien enthält. Die Produkte der Coco Farm werden in mehreren Geschäften auf Mahé, Praslin und La Digue verkauft. Auch im Duty-free-Shop des internationalen Flughafens kannst du vor dem Abflug noch Kokosnussöl kaufen.

Der Produktionsstandort befindet sich etwas versteckt in der Nähe der Anse Marie Louise. Auch wenn es nicht offiziell beworben wird, sind Besucher während der Betriebszeiten willkommen und erhalten, sofern es die Umstände zulassen, von den freundlichen Mitarbeitern eine Führung mit Erklärungen zu den Verarbeitungsprozessen der Kokosnüsse. Besucher können die Produkte außerdem zu guten Preisen direkt vor Ort erwerben.

Die Coco Farm ist nicht ausgeschildert. Von der Anse Royale kommend, auf der South Coast Road, kurz nach der Abbiegung in Richtung Anse Intendance, führt auf der linken Seite ein unbefestigter Weg zur Anse Marie Louise. Nachdem du diesem Weg für etwa 100 Meter gefolgt bist, liegt die Coco Farm auf der rechten Seite. Wenn du große Kokosnussberge siehst, bist du richtig.

Anse Marie Louise
Mo.–Fr. 9:00–12:00 und 13:00–16:30, Sa. 9:00–12:00, So. geschlossen

Preisbeispiele:

- *Kokosnussöl 75 SCR (ca. 5 €)*
- *Kokoscreme 50 SCR (ca. 3 €)*
- *Kokosnusswasser 30 SCR (ca. 2 €)*

ANSE INTENDANCE

Die Anse Intendance erfüllt das Klischee eines perfekten Postkartenmotivs: ein sichelförmiger Sandstrand, der von Granitfelsen und einem dicht bewachsenen Palmenhain eingerahmt wird, davor das kristallklare Meer. Und es kommt noch besser: Der Strand befindet sich im Südwesten von Mahé, von wo aus sich traumhaft schöne Sonnenuntergänge beobachten lassen.

Zum Schwimmen und Schnorcheln ist die Anse Intendance aber leider nur bedingt geeignet. Insbesondere zur Zeit des Südostmonsuns ist mit hohem Wellengang und starker Brandung zu rechnen. Am Strand aufgestellte Schilder warnen explizit vor gefährlichen Strömungen im Zeitraum von Juni bis September. Dafür bietet der weitläufige Sandstrand genug Platz zum Sonnenbaden und Entspannen. Denke dabei aber an ausreichend Sonnenschutz, denn obwohl die Bucht von Palmen und Bäumen gesäumt wird, sind am Nachmittag nur wenige Schattenplätze vorhanden.

Der Strand wird zwischen September und März von Meeresschildkröten zur Eiablage genutzt. In dieser Zeit kommen die Schildkrötenweibchen aus dem Meer, um ihre Eier im Sand zu vergraben. Mit etwas Glück siehst du sogar ein frisch geschlüpftes Schildkrötenbaby bei seinen ersten Gehversuchen.

Die Anse Intendance erreichst du mit dem Auto über die Intendance Road. Auf der südlichen Strandseite befindet sich ein kostenloser Parkplatz. In der Nähe des Strandes gibt es zwar eine Bushaltestelle, diese wird aber nur ein paarmal am Tag angefahren.

Alternativ kannst du an der etwas weiter entfernten Haltestelle „Quatre Bornes" aussteigen, an der häufiger ein Bus hält. Von dort aus läufst du etwa 40 Minuten bis zum Strand.

GASTROTIPPS

SUMMER BAR

Im unteren Drittel der Anse Intendance befindet sich eine kleine, aber authentische Strandbar mit einer großen Portion Inselcharme. Vor der traumhaften Kulisse der Anse Intendance und bei entspannter Reggae-Musik schmeckt der Cocktail mit Takamaka-Rum und frischen Früchten besonders lecker. Die angebotenen Snacks werden – wie sollte es auch anders sein? – auf einem Palmenblatt serviert.

Die Uhren auf den Seychellen ticken manchmal etwas anders als in Westeuropa und Öffnungszeiten werden auch mal flexibel gehandhabt. Sei daher bitte nicht enttäuscht, wenn die Bar nicht geöffnet hat.

Anse Intendance
keine Angabe
Preisbeispiele:

- *Cocktails 125 SCR (ca. 8 €)*
- *Obstplatte 100 SCR (ca. 6 €)*
- *Kokosnuss 50 SCR (ca. 3 €)*

TAKAMAKA PIZZA & GRILL RESTAURANT

Wenn du während deines Strandtags an der Anse Intendance Hunger verspürst, solltest du mal in diesem kleinen Restaurant an der Intendance Road vorbeischauen. Hier kannst du unter anderem aus leckeren Grillgerichten, frisch zubereiteten Pizzen oder kreolischem Sushi wählen. Das Tagesgericht gibt es zu einem Preis von 95 SCR (ca. 6 €). Abschließend kannst du dir zum Nachtisch eine Bubble Waffle mit Nussnougatcreme, Banane und Eis schmecken lassen. Die Gerichte können auf der Terrasse vor Ort verzehrt oder mitgenommen werden.

Das Restaurant gehört zur Unterkunft Takamaka Sky Villas. Nach vorheriger Reservierung können hier auch externe Gäste zu Abend essen.

Intendance Rd, Quatre Bornes
täglich 10:00–17:00, Abendessen mit Reservierung
www.takamakaseychelles.com
Preisbeispiele:

- *gegrillter Oktopus 355 SCR (ca. 21 €)*
- *Pizza Bolognese 265 SCR (ca. 16 €)*
- *Sushi à la Creol 250 SCR (ca. 15 €)*

ANSE TAKAMAKA

Die Anse Takamaka ist ein weiterer schöner Strand im Südwesten von Mahé. Auch an diesem Strand sind hohe Wellen und starke Strömungen keine Seltenheit. Wenn das Meer ruhiger ist, lässt es sich in dieser Ecke jedoch wunderbar schnorcheln, vor allem an den Felsen im Süden gibt es etliche Fische zu sehen. Bei Flut ist allerdings Vorsicht geboten, denn dann ist vom Strand nur noch wenig übrig. Zum Schutz vor Steinen und Korallen empfiehlt sich das Tragen von Wasserschuhen. Am südlichen Ende gibt es zwei Restaurants.

Die Anse Takamaka ist sowohl mit dem Mietwagen als auch mit dem Bus gut erreichbar. Parken kannst du entweder auf dem Parkplatz in der Nähe der Chez Batiste Villas oder an der West Coast Road – aber bitte nicht direkt unter einer Kokospalme! Die Bushaltestelle an der West Cast Road liegt nur wenige Meter vom Strand entfernt.

WANDERTIPP

WANDERUNG ZUM ROCK POOL ROS SODYER

Am südlichen Ende der Anse Takamaka führt ein Wanderweg zum Rock Pool Ros Sodyer. Dabei handelt es sich um einen natürlichen Felsentümpel, der sich bei Flut mit Meerwasser füllt. Die halbstündige Wanderung kann von zwei unterschiedlichen Startpunkten aus begonnen werden: entweder hinter den Chez Batista Villas, auf der linken Seite hinter dem letzten Haus, oder an der Holzfabrik in der Nähe des Parkplatzes. Gelegentlich ist eine Kennzeichnung durch Pfeile vorhanden, an manchen Stellen ist die Wegführung jedoch nicht ganz ersichtlich. Am großen Felsplateau angekommen, befindet sich der Rock Pool auf der rechten Seite im unteren Bereich. Wenn du dir unsicher bist, kannst du auch mit einem Guide zum Rock Pool wandern. Festes Schuhwerk ist bei dieser Wanderung empfehlenswert. An einem regnerischen Tag solltest du auf die Tour verzichten, da die Felsen dann rutschig sein können.

Prüfe vor der Wanderung unbedingt die Gezeiten, da du im Rock Pool wirklich nur bei Ebbe baden solltest. Bei Flut schwappt das Meer über die Klippen und es besteht das Risiko, aus dem Rock Pool hinaus ins offene Meer gezogen zu werden.

leicht
1,1 km (einfache Strecke)
ca. 0,5 h (einfache Strecke)
hinter den Chez Batista Villas oder an der Holzfabrik
€ *kostenlos*

GASTROTIPP

LE REDUIT

Das kreolische Restaurant mit rund 60 Sitzplätzen befindet sich in der Nähe der Anse Takamaka auf einem Hügel, der von üppiger Vegetation umgeben ist. Egal ob Fisch, Fleisch oder vegetarische Gerichte – auf der Speisekarte ist für jeden Geschmack etwas dabei. Sogar das berühmt-berüchtigte Flughund-Curry gibt es hier. Die Speisen werden schön angerichtet und gut gewürzt. Auch die Desserts, wie karamellisierte Banane oder Passion Fruit Pannacotta, stehen den Hauptspeisen in puncto Geschmack in nichts nach. Gegessen wird bei offenem Fenster mit Blick in den Dschungel, während hin und wieder ein Flughund vorbeiflattert. Das Le Reduit zählt zu den preiswerteren Restaurants der Gegend.

Das Anwesen liegt etwas versteckt. Von der Anse Takamaka kommend, fährst du zunächst über die South Coast Road ins Inselinnere. Kurz nach der Bushaltestelle erscheinen zwei Schilder am rechten Straßenrand, leider sind Schriftzug und Logo des Le Reduit darauf etwas klein geraten. Hinter den Schildern biegst du nach rechts ab auf einen schmalen Weg, der steil nach oben bis zum Restaurant führt. Parkplätze sind vorhanden.

Zu Fuß dauert es von der Anse Takamaka bis zum Le Reduit rund 20 Minuten. Der Weg bergauf ist anstrengend, lohnt sich aber!

South Coast Rd, Quatre Bornes
täglich 12:00–21:00
Preisbeispiele:
- *Chicken Curry 295 SCR (ca. 18 €)*
- *Auberginenlasagne 255 SCR (ca. 15 €)*
- *gegrillter Fisch 250 SCR (ca. 15 €)*

BAIE LAZARE

Die halbrunde Bucht besteht aus zwei Strandabschnitten, die durch eine Anhäufung mehrerer Granitfelsen voneinander getrennt werden. Beim südlichen Abschnitt handelt es sich um den Baie Lazare Public Beach. Der nördliche Abschnitt gehört zum Kempinski Resort und ist, wie auf den Seychellen üblich, ebenfalls für die Öffentlichkeit zugänglich.

In der Mitte des öffentlichen Strandes führt eine Sandbank ins Meer, ansonsten ist der Meeresboden an vielen Stellen mit Steinen und Korallen übersät. Bei Flut und ruhigem Meer eignet sich die Baie Lazare gut zum Schnorcheln. Zahlreiche Palmen und Bäume spenden am Strand ausreichend Schatten. Ist das Meer unruhig, solltest du ganz genau abwägen, ob du ins Wasser gehst. Auch von Seegras bleibt der Strandabschnitt nicht verschont, insbesondere im Zeitraum von Mai bis Oktober.

Nur wenige Gehminuten vom Public Beach entfernt gibt es einen Lebensmittelladen, in dem Getränke und Snacks gekauft werden können. In der näheren Umgebung befinden sich einige Restaurants und Takeaways. Parkplätze und eine Bushaltestelle sind in Strandnähe vorhanden.

GASTROTIPPS

ISLANDS STYLE TAKEAWAY

Oberhalb der Baie Lazare, etwa auf Höhe des Übergangs vom öffentlichen Strand zum Strandabschnitt des Kempinski Hotels, befindet sich an der West Coast Road ein kleiner Imbiss, an dem du dir während deines Strandtags eine einfache und günstige Mahlzeit holen kannst. Zur Auswahl stehen Burger, Pizza sowie diverse frisch zubereitete Fleisch-, Nudel-, und Reisgerichte. Einige Sitzmöglichkeiten sind vorhanden.

West Coast Rd, Baie Lazare
Mo.–Di. 11:30–20:00, Mi. geschlossen, Do.–Sa. 11:30–20:00, So. geschlossen
Preisbeispiele:
- *Pizza Margherita 115 SCR (ca. 7 €)*
- *gebratene Nudeln mit Ei und Garnelen 75 SCR (ca. 5 €)*
- *Homemade Burger ab 55 SCR (ca. 3 €)*

LA GAULETTE

Das lässige Strandrestaurant liegt am südlichen Ende der Baie Lazare, an der Anse Gaulette, und überzeugt mit einem guten Preis-Leistungs-Verhältnis. Das Lokal ist rustikal und gemütlich eingerichtet und bietet eine schöne Aussicht auf den Strand. Die Speisekarte beinhaltet neben verschiedenen kreolischen Gerichten auch Pizzen, Burger und Sandwiches. Besonders zu empfehlen sind die Currys und der gegrillte Fisch, der mit leckeren Soßen serviert wird. Bei der Bestellung kannst du den gewünschten Schärfegrad deines Gerichtes angeben. Parkplätze sind neben dem Gebäude vorhanden.

West Coast Rd, Baie Lazare, Anse Gaulette

Mo. geschlossen, Di.–Fr. 12:00–21:00, Sa.–So. 11:30–21:00

Preisbeispiele:

- *Red Snapper Fillet 425 SCR (ca. 26 €)*
- *Burger 275 SCR (ca. 17 €)*
- *Chicken Curry 250 SCR (ca. 15 €)*

MARIA'S ROCK CAFETERIA

Ein kulinarisches Erlebnis der etwas anderen Art findest du am nördlichen Ende der Baie Lazare. Maria's Rock Cafeteria liegt auf einer Anhöhe inmitten eines tropischen Waldes. Das Restaurant wurde in die Felsen gebaut und erinnert in Teilen an ein Piratenschiff. Die Spezialität des Hauses sind Fisch- und Fleischgerichte, die der Gast selbst auf einer heißen Steinplatte mit Knoblauch- und Safranbutter anbraten kann. Dazu werden Reis, Salat und eine kreolische Soße gereicht. In dem Gebäude ist außerdem eine kleine Kunstgalerie untergebracht, die besichtigt werden kann.

Das Restaurant ist mit dem Auto über eine schmale und kurvige Straße erreichbar. Parkplätze sind vorhanden. Vom nördlichen Strandabschnitt der Baie Lazare ist das Restaurant zu Fuß in ca. 15 Minuten zu erreichen.

Anse Gouvernment Rd

Mo. 12:00–21:00, Di. geschlossen, Mi.–So. 12:00–21:00

Preisbeispiele:

- *Fleischplatte Hot Stone 325 SCR (ca. 20 €)*
- *Fischplatte Hot Stone 285 SCR (ca. 17 €)*
- *Crêpe mit karamellisierten Bananen und Eis 145 SCR (ca. 9 €)*

Seychellennektarvogel

Roter Ingwer

CAP LAZARE NATURE RESERVE

Auf dem Gelände des 60 Hektar großen Naturreservats kannst du locker mindestens einen halben, wenn nicht sogar einen ganzen Tag verbringen. Vor Ort erwarten dich verschiedenste Pflanzen und Tierarten, eine Hydrokulturfarm, mehrere Wanderwege, Aussichtspunkte, ein Restaurant und ein toller Strand zum Schnorcheln, der nur für die Besucher des Naturreservats zugänglich ist. Sonnenliegen, Duschen und Toiletten sind vorhanden. Ein weiteres Highlight sind die Riesenschildkröten, die sich im Schildkrötenpark frei bewegen können.

Du kannst entweder spontan vorbeigehen oder, um auf Nummer sicher zu gehen, deinen Besuch im Voraus bei Creole Travel Services buchen. Eine Buchung von besonderen Aktivitäten wie ein Kochkurs oder ein Sunset Champagner mit Canapés ist ebenfalls möglich.

Anse Gouvernment
Mo.–Fr. 10:00–17:00, Sa.–So. geschlossen
€ *150 SCR (ca. 9 €)*
www.creoletravelservices.com/activity/cap-lazare-nature-reserve-experiences

PETITE ANSE

Für viele zählt die Petite Anse zu den schönsten Stränden von Mahé. Und tatsächlich gibt es dort alles, was man von einem Bilderbuchstrand erwartet: feinsten Puderzuckersand, kristallklares Wasser, dazu Palmen und die typischen Granitfelsen. Die größte Fischvielfalt findest du an den Felsen der jeweiligen Strandränder. Das Wasser ist meist ruhig; je nach Wetterlage können die Wellen aber auch mal höher werden.

Der Strand liegt auf dem Gelände des Four Seasons Resorts, ist aber auch für externe Gäste zugänglich. Deinen Mietwagen kannst du vor der Einfahrt zum Hotel in der Nähe des Casinos abstellen. Um an den Strand zu gelangen, musst du dich zunächst an der Hotelpforte anmelden; anschließend erhältst du ein Plastikarmband. Der Fußweg zum Strand geht steil bergab, entsprechend anstrengend ist der Rückweg. Der Strand an sich ist gepflegt. Der südliche Bereich mit den Liegestühlen und Sonnenschirmen wird vom Hotel genutzt.

Direkt am Petite Anse gibt es keine Bushaltestelle. Du kannst aber mit dem Bus entweder bis zur Anse Soleil oder zur Baie Lazare fahren und von dort zum Four Seasons Resort laufen. Die Wanderung ist in etwa einer halben Stunde zu schaffen, dabei ist die Strecke von der Anse Soleil etwas kürzer als von der Baie Lazare.

ANSE SOLEIL

Die Anse Soleil ist ein idyllischer Strand mit überhängenden Palmen und Bäumen, die ausreichend Schatten spenden. Bei ruhigem Meer kannst du vor allem an den Strandenden bei den Felsen gut Fische beobachten. Das Wasser wird schnell tief und je nach Wetterlage sind auch höhere Wellen möglich. Direkt am Strand gibt es ein Restaurant und ein Café.

Mit etwas Glück findest du am unteren Ende der Anse Soleil Road noch eine freie Parklücke. Da die Straße steil nach unten geht, ist das Parken hier etwas schwieriger, dafür ist es zum Strand nicht mehr weit. Alternativ gibt es weiter oben an der Anse Soleil Road noch einige weitere Parkplätze sowie eine Bushaltestelle. Von dort geht es einige hundert Meter steil bergab und über die Treppe des Cafés direkt an den Strand.

MICHAEL ADAMS ART STUDIO

Der Engländer Michael Adams ist der wohl bekannteste Künstler der Seychellen. In seinen farbenfrohen Gemälden hält der Maler die natürliche Schönheit der Seychellen auf dynamische Art und Weise fest.

Für seine künstlerischen Verdienste erhielt er im Jahr 2021 von Königin Elisabeth II. den Titel eines Member of the Order of the British Empire. In dem kleinen Atelier an der West Coast Road sind neben den Bildern von Michael Adams auch Kunstwerke seiner Kinder Alyssa und Tristan ausgestellt.

Für Kunstinteressierte ist ein Besuch des Ateliers ein absolutes Muss und ein Siebdruck von Michael Adams ein originelles Mitbringsel.

West Coast Rd, Anse aux Poules Bleues
Mo.–Fr. 10:30–13:00 und 13:30–16:00, Sa. 10:30–12:00, So. geschlossen
www.michaeladamsart.com

Anse la Mouche

GASTROTIPP

EZZY FOODS RESTAURANT

Etwa fünf Fahrminuten vom Michael Adams Art Studio entfernt, in der Nähe der Anse la Mouche, erwartet dich ein kulinarisches Juwel. Das kleine Restaurant gehört zu den Seaborards Apartments und hat sich auf regionale und internationale Gerichte spezialisiert, die sowohl optisch als auch geschmacklich absolut überzeugen. Gespeist wird in einem gemütlichen Gartenhäuschen, das von exotischen Pflanzen und viel Grün umgeben ist. Auf der Speisekarte finden sich Wraps, Pasta, vegetarische Optionen sowie eine große Auswahl an Fleisch- und vor allem Fischgerichten.

Anse La Mouche

Mo. 18:45–20:30, Di. geschlossen, Mi.–So. 18:45–21:00

Preisbeispiele:

- *Crab Curry in Coconut Milk 475 SCR (ca. 29 €)*
- *Lamb Parmigiano Risotto 385 SCR (ca. 23 €)*
- *Spaghetti Vongole 325 SCR (ca. 20 €)*

VALLÉE DES FRUITS

In den Bergen von Mahé verbirgt sich eine grüne Oase, in der tropische Früchte nachhaltig kultiviert werden. Auf einem Spaziergang durch die riesige Obstplantage kannst du sehen, wie Passionsfrüchte, Avocados, Rambutan, Guaven und viele weitere Obstsorten wachsen und ökologisch bewirtschaftet werden. Doch beim Bewundern der Früchte wird es nicht bleiben, denn du kannst sie auch verkosten – in Form von Fruchtsäften und künstlerisch arrangiertem Frucht-Sushi („Fruitshi™").

Das Vallée des Fruits ist ein idyllischer Ort, der es Besuchern ermöglicht, die Vielfalt und Schönheit der Natur mit allen Sinnen zu erleben. Perfekt abgerundet wird das Erlebnis durch mehrere Aussichtsplattformen, von denen aus du atemberaubende Panoramablicke auf das Meer und die umliegenden Landschaften genießen kannst. An einem der Aussichtspunkte befindet sich eine Skulptur in Form einer riesigen Coco de Mer, die ein interessantes Fotomotiv abgibt.

Die Anlage wurde erst 2025 eröffnet. Parkmöglichkeiten sind vorhanden. Im Eintrittspreis von 25 € sind ein Begrüßungsgetränk und ein Obstteller mit Fruitshi™ enthalten.

La Misere Rd
täglich 9:30–19:30
€ 25 €
www.valleedesfruits.com

PORT LAUNAY BEACH

Die weitläufige Bucht gehört zum Port Launay Marine National Park, liegt gut geschützt und eignet sich dank der kaum vorhandenen Wellen bestens zum Baden. Palmen und Takamakabäume sorgen für ausreichend Schatten. Ein Großteil des Strandes ist an das 5-Sterne-Resort Constance Ephelia angeschlossen und wird von dessen Hotelgästen gut frequentiert. Der Port Launay Beach zählt zu den belebteren Stränden von Mahé, hat Besuchern aber auch einiges an Freizeitaktivitäten zu bieten. Schnorchler dürfen sich auf zwei Korallenriffe freuen, die sich an den jeweiligen Strandenden befinden. Außerdem gibt es einen Schnorchel-Trail, der in der Nähe des öffentlichen Parkplatzes beginnt und mit Bojen gekennzeichnet ist. Vor Ort können zudem Kanus, Kajaks oder Jetskis gemietet werden. In der näheren Umgebung gibt es einige Essensmöglichkeiten und Lebensmittelläden. Nur wenige Meter vom Strand entfernt befindet sich hinter dem öffentlichen Parkplatz der Port Launay Bus Terminal.

TEA FACTORY

In der kleinen Teefabrik werden die Tees der lokalen Marke SeyTé produziert. Neben der Fabrik befinden sich auf dem Gelände ein kleines Teemuseum, ein Laden und ein Café. Die Tea Factory bietet Touren für 50 SCR (ca. 3 €) an. Dabei handelt es sich aber nicht um geführte Touren, sondern um individuelle Selbstrundgänge mit einer Informationsbroschüre. Zu sehen gibt es einige alte Maschinen und mit etwas Glück den ein oder anderen Produktionsschritt.

In der Tea Boutique können die verschiedenen Teesorten von SeyTé erworben werden. Zum Sortiment zählen grüner, schwarzer und aromatisierter Tee, den es lose oder in Beuteln zu kaufen gibt. Ein besonderes Geschmackserlebnis ist der Vanilla Tea. Interessanterweise werden die Tees in den lokalen Supermärkten oft zu günstigeren Preisen als in der Tea Boutique verkauft.

Die Tea Tavern ist ein schöner Ort, um bei einer Tasse Tee und einem Stück Kuchen die Aussicht zu genießen. Sogar Prinzessin Margaret, die Schwester der verstorbenen Königin Elisabeth II., stattete dem kleinen Café im Jahr 1975 einen Besuch ab.

An der Tea Factory gibt es einen Parkplatz und eine Bushaltestelle.

Sans Soucis Rd
Fabrik: Mo.–Fr. 8:00–16:00, Sa.–So. geschlossen
Tea Boutique und Tea Tavern: Mo.–Sa. 10:00–17:00, So. 10:00–16:00
€ *Selbstrundgang: 50 SCR (ca. 3 €)*

MORNE SEYCHELLOIS NATIONAL PARK

Der Morne Seychellois National Park nimmt mehr als 20 % der Fläche von Mahé ein und ist damit der größte Nationalpark der Seychellen. Namensgeber ist der Morne Seychellois, der mit 905 Metern der höchste Berg des Inselarchipels ist. Neben dichten Tropenwäldern und einer vielfältigen Flora und Fauna hält der Nationalpark etliche Wanderwege mit unterschiedlichen Schwierigkeitsstufen bereit.

Die jeweiligen Startpunkte der Wanderwege sind gut mit dem Auto zu erreichen. Meistens befindet sich eine Bushaltestelle in fußläufiger Entfernung. Einige Wanderwege sind kostenpflichtig. Die Preise variieren zwischen 100 und 250 SCR (ca. 6 bis 15 €). Tickets können entweder auf der Website der Seychelles Parks and Gardens Authority gekauft werden oder an den grünen Kassenhäuschen, die sich an den jeweiligen Startpunkten der Trails befinden. Vor Ort kann nur mit Kreditkarte gezahlt werden.

Auf den folgenden Seiten erhältst du eine Auswahl der schönsten Wanderwege, die durch den Morne Seychellois National Park führen. Die angegebenen Distanzen und Zeiten beziehen sich auf die einfache Strecke.

täglich 8:00–16:00
www.spga.gov.sc/parks/morne-seychellois

Aussichtsplattform am Ende des Morne Blanc Trail

WANDERTIPPS

MORNE BLANC TRAIL

Der Wanderweg beginnt an der Sans Soucis Road in der Nähe der Teefabrik. Über einen schmalen Pfad und große Stufen, vorbei an wuchtigen Steinen und über Wurzeln, geht es durch den Dschungel steil bergauf zum Gipfel des 667 Meter hohen Morne Blanc. Auf dieser anspruchsvollen Wanderung legst du über 200 Höhenmeter auf einer kurzen Wegstrecke von rund 800 Metern zurück. Entsprechend solltest du für diese Tour ein gewisses Maß an Kondition mitbringen. Während des schweißtreibenden Aufstiegs spenden dir Bäume ausreichend Schatten. Bei deiner Ankunft an der Aussichtsplattform erwartet dich eine spektakuläre Aussicht auf die Westküste von Mahé.

schwierig
0,8 km (einfache Strecke)
ca. 1 h (einfache Strecke)
Sans Soucis Rd, oberhalb der Teefabrik
€ *kostenlos*

Fleischfressende Kannenpflanze

Morne Seychellois

COPOLIA TRAIL

Der Copolia Trail ist eine schöne Wanderung, die an manchen Stellen etwas anspruchsvoller ist. Der Pfad ist gut gekennzeichnet und führt zunächst gemächlich durch den Dschungel. Über Stufen geht es stetig bergauf. Im weiteren Verlauf wird der Weg felsiger und steiler. Manchmal musst du über größere Steine klettern. Kurz vor dem Ziel führt eine Leiter weiter nach oben. Endpunkt der Wanderung ist ein Felsplateau, das dir einen grandiosen Panoramablick über die Ostküste ermöglicht. Eine Übersichtstafel hilft dir bei der Zuordnung der Landschaftspunkte. Hier oben kannst du auch einige der fleischfressenden Kannenpflanzen sehen, die nur auf den Seychellen wachsen. Für den Hinweg solltest du etwa eine Stunde einplanen.

moderat
1,4 km (einfache Strecke)
ca. 1 h (einfache Strecke)
Sans Soucis Rd
€ *100 SCR (ca. 6 €)*

MORNE SEYCHELLOIS TRAIL

Die Wanderung auf den höchsten Berg der Seychellen hat es in sich und ist nur etwas für wirklich erfahrene Wanderer. Für den Hin- und Rückweg solltest du jeweils drei Stunden einplanen, daher empfiehlt es sich, so zeitig wie möglich aufzubrechen. Der Pfad ist nicht immer ersichtlich, führt über Stock und Stein durch einen dicht bewachsenen Dschungel und vorbei an einer alten Zimtplantage. Zur Bewältigung besonders schwieriger Stellen wurden Leitern und Seile an den Felswänden angebracht. Bist du einmal am höchsten Gipfel des Landes angelangt, erwartet dich ein sensationeller Rundblick über Mahé.

Aufgrund des anspruchsvollen Weges darf die Wanderung nur in Begleitung eines lizenzierten Guides angetreten werden. Diese findest du auf der Website der Seychelles Parks and Gardens Authority.

Lizenzierte Guides:
www.spga.gov.sc/downloads
schwer
2,3 km (einfache Strecke)
ca. 3 h (einfache Strecke)
Sans Soucis Rd
€ *250 SCR (ca. 15 €)*

TROIS FRÈRES TRAIL

Der Trois Frères Trail ist ein leicht zu begehender Wanderweg, der über viele Stufen, vorbei an Palmen und Sträuchern, bergauf führt. Der Hinweg ist in einer Stunde zu bewältigen, zurück geht es etwas schneller. Am Ziel angekommen, hast du eine herrliche Aussicht auf die Trois-Frères-Berge und die Ostküste mit der Hauptstadt Victoria und dem Sainte Anne Marine Park.

leicht
1,4 km (einfache Strecke)
ca. 1 h (einfache Strecke)
Sans Soucis Rd, in der Nähe von The Station
€ *150 SCR (ca. 9 €)*

DANS GALLAS TRAIL

Auf diesem abwechslungsreichen Wanderweg triffst du auf verschiedene tropische Pflanzenarten und kannst die umliegende Landschaft noch mal aus anderen Perspektiven bewundern. Beim Aufstieg hast du etliche Stufen zu bewältigen und musst größere Felsbrocken überwinden. Zwischendurch bieten sich dir fantastische Ausblicke aufs Meer und den weitläufigen Tropenwald. Kurz vor dem Ziel wird der Weg aufgrund der vielen Stufen noch mal besonders herausfordernd; manchmal musst du ein bisschen klettern. An der Aussichtsplattform wirst du mit einem einmaligen Blick auf die Ost- und Westküste belohnt.

schwierig
2,5 km (einfache Strecke)
ca. 1,5 h (einfache Strecke)
Chem. Le Niol
€ *kostenlos*

ANSE MAJOR TRAIL

Dieser malerische Wanderweg beginnt in der Nähe von Bel Ombre an der Danzilles Road. Der Pfad führt dich über Granitfelsen, durch eine Höhle und in einen tropischen Wald. Unterwegs tauchen immer mal wieder Aussichtspunkte auf, die dir die Wanderung mit einem traumhaften Panoramablick aufs Meer und die Insel Silhouette versüßen. Dein Ziel ist der abgelegene Strand Anse Major, der nur zu Fuß oder per Boot erreichbar ist. Da ein Großteil des Weges sonnenexponiert ist, solltest du am besten frühzeitig losgehen, um nicht in der Mittagshitze wandern zu müssen.

Das Meer an der Anse Major ist kristallklar und eignet sich perfekt zum Schnorcheln. Vor Ort gibt es eine Strandbar, an der Essen und Getränke zu günstigen

Preisen verkauft werden. Auch ein Toilettenhäuschen sowie eine Dusche sind vorhanden.

Den Rückweg kannst du entweder zu Fuß antreten oder du nimmst das Taxiboot Happiness. Das Boot fährt in der Regel einmal stündlich für 200 SCR (ca. 12 €) und setzt dich in Bel Ombre oder am Beau Vallon wieder ab (Facebook: TAXI BOAT Happiness).

leicht
2,5 km (einfache Strecke)
ca. 1,25 h (einfache Strecke)
Danzilles Rd bei Bel Ombre
€ *150 SCR (ca. 9 €)*

Trois-Frères-Berge

Dans Gallas Trail

Anse Major

BEAU VALLON

Der Beau Vallon ist der lebhafteste Strand der Seychellen, aber auch der Strand mit der besten touristischen Infrastruktur. In direkter Strandnähe reihen sich Hotels, Restaurants, Cafés und Souvenirläden aneinander. Das Angebot an Wassersportaktivitäten übertrifft das der anderen Inselstrände bei Weitem.

Der beliebte Strand zieht zwar viele Urlauber an, doch zum Glück verteilen sich diese über die 1,8 km lange Fläche, sodass der Strand nie sonderlich überfüllt wirkt. Die für die Seychellen typischen Granitfelsen gibt es hier nur im Miniaturformat, dafür sorgen Palmen und Bäume für ausreichend Schatten. Durch den flach abfallenden Einstieg, die meist niedrigen Wellen und die kaum vorhandenen Steine sowie Korallen ist der Strand gut zum Schwimmen und Planschen geeignet. Gute Schnorchelspots gibt es am nördlichen Strandende und im Süden vor dem Fisherman's Cove Resort. Darüber hinaus ist Schnorcheln am Beau Vallon eher unspektakulär, da es unter Wasser nicht viel zu sehen gibt. Wer in etwas tiefere Gewässer abtauchen will, ist hier jedoch an der richtigen Adresse. Denn am Beau Vallon gibt es mehrere gut organisierte Tauchzentren, z. B. die EQUINOXE Diving School oder die Tauchzentren Atoll Divers und Ocean Dream Divers.

Der Beau Vallon ist zweifelsohne ein Ort, der aufgrund seines touristischen Angebots einen Besuch wert ist. Die Bucht eignet sich perfekt zum Baden, alle Annehmlichkeiten sind auf kurzem Weg zu erreichen und abends erwartet dich ein spektakulärer Sonnenuntergang mit dem Schatten der Insel Silhouette im Vordergrund. Im Vergleich zu den zahlreichen anderen Traumstränden der Seychellen fehlt es dem Beau Vallon allerdings an Authentizität, Naturbelassenheit und dem für die Seychellen typischen Inselcharme.

Kostenlose Parkplätze findest du im nördlichen Strandbereich, am Beau Vallon Beach Parking. Zwischen Victoria und dem Beau Vallon gibt es regelmäßige Busverbindungen, sodass der Strand auch mit den öffentlichen Verkehrsmitteln problemlos zu erreichen ist.

Sonnenuntergang am Beau Vallon mit Blick auf die Insel Silhouette

GASTROTIPPS

STREET FOOD AM BEAU VALLON

Parallel zum oberen Strandabschnitt des Beau Vallon verläuft eine Promenade, an dessen Ende sich eine Ansammlung von Essensständen und Foodtrucks befindet. Neben verschiedenen kreolischen Gerichten werden auch Salate und frische Früchte angeboten.

📍 ***Beau Vallon, nördliches Strandende***
🕒 *je nach Imbiss unterschiedlich, meistens täglich von mittags bis abends*
Preisbeispiele:
- *Pizza von Glorious Bakery Foodtruck 150 SCR (ca. 9 €)*
- *Cheeseburger von Leo's Food Truck 65 SCR (ca. 4 €)*
- *frische Kokosnuss von Marie Vonne Fruit Shop ab 50 SCR (ca. 3 €)*

PANINI & ICE

Wenn du von den Foodtrucks ein Stück weiter Richtung Norden läufst, befindet sich neben dem Boat House Restaurant der Eingang zu einer kleinen Bar, die von zwei Italienerinnen geführt wird. Neben italienischen Kaffeespezialitäten gibt es hier eine große Auswahl leckerer Sandwiches, Kuchen, Eis und erfrischender Getränke.

📍 ***Beau Vallon, nördliches Strandende***
🕒 *Mo.–Fr. 10:00–18:00, Sa.–So. geschlossen*
Preisbeispiele:
- *Sandwiches 135–175 SCR (ca. 8–11 €)*
- *Cappuccino 75 SCR (ca. 5 €)*
- *Kugel Eis ab 30 SCR (ca. 2 €)*

LA FIESTA RESTAURANT & BAR

Das familiengeführte Restaurant befindet sich abseits vom touristischen Trubel der Strandpromenade, ist von dort aber in wenigen Gehminuten erreichbar. Die Einrichtung ist einfach gehalten und auf den ersten Blick erscheint das Restaurant eher unscheinbar. Davon solltest du dich jedoch nicht täuschen lassen, denn es erwarten dich ausgezeichnete kreolische und internationale Gerichte zu leicht gehobenen, aber fairen Preisen. Auf der Speisekarte gibt es neben Fisch-, Fleisch- und Nudelgerichten eine gute Auswahl unterschiedlicher Currys. Die Speisen sind perfekt gewürzt und die Portionen ausreichend groß. Hervorzuheben ist vor allem der Fang des Tages, der mit einer köstlichen hausgemachten Soße serviert wird.

Wer einmal hier gegessen hat, wird garantiert wiederkommen wollen.

Coral Strand Rd, Beau Vallon
Mo.–Sa. 15:00–22:00, So. geschlossen
Preisbeispiele:
- *Catch of the Day, z. B. Red Snapper 600 SCR (ca. 36 €)*
- *Mini Catch of the Day, z. B. Papageienfisch 300 SCR (ca. 18 €)*
- *Creole Style Chicken Curry 300 SCR (ca. 18 €)*

BITES FOR HEALTH SNACK SHOP

In dem kleinen Imbiss an der Ecke zwischen Coral Strand Road und North Coast Road gibt es leckere und frisch zubereitete Snacks zu günstigen Preisen. Dabei kannst du zwischen einer Vielzahl verschiedener Wraps, frischem Fisch, Burgern oder Salaten wählen. Wenn du Bananen magst, solltest du den Bananenkaffee probieren und dir als Nachtisch noch eine frittierte oder flambierte Banane gönnen. Die Speisen kannst du entweder mitnehmen oder du lässt sie dir im gemütlich eingerichteten Hinterhof, in Gesellschaft der Hausschildkröte Perkobe, schmecken.

Coral Strand Rd, Beau Vallon
Mo.–Fr. 9:30–17:00, Sa. 10:30–19:00, So. geschlossen
Preisbeispiele:
- *Tortilla Wrap ab 95 SCR (ca. 6 €)*
- *Mangosalat 45 SCR (ca. 3 €)*
- *frittierte Banane 7 SCR (ca. 0,4 €)*

ROOTS SEYCHELLES

Im Hinterland des Beau Vallon, hoch oben in den Bergen, betreibt ein amerikanisch-seychellisches Künstlerpaar ein kleines Atelier, in dem Textilien nach einer alten kreolischen Technik bedruckt werden. Im Rahmen eines dreistündigen Workshops kannst du hier in entspannter und familiärer Atmosphäre die Methode des traditionellen Sun Printing erlernen und dein individuelles Souvenir kreieren. Zunächst begibst du dich auf die Suche nach Blättern und Blumen, die dir als Druckschablone dienen. Anschließend bemalst du den Stoff mit Farben deiner Wahl und positionierst die gesammelten Pflanzen darauf. Die tropische Sonne sorgt dafür, dass aus dem Stoff, den Pflanzen und den Farben ein einzigartiges Kunstwerk entsteht, das du voller Stolz mit nach Hause nehmen kannst. Der Workshop wird in den Sprachen Englisch, Französisch und Kreol angeboten. Eine genaue Wegbeschreibung findest du auf der Website von Roots Seychelles.

Mare Anglaise, La Batie, Beau Vallon
Atelier: täglich 10:00–17:00
Workshop: 10:00–13:00 (nach vorheriger Anmeldung)
€ Workshop + frischer Saft 90 € p. P.
Workshop + kreolisches Mittagessen 125 € p. P.
www.rootsseychelles.com

DIE INSELN UM MAHÉ

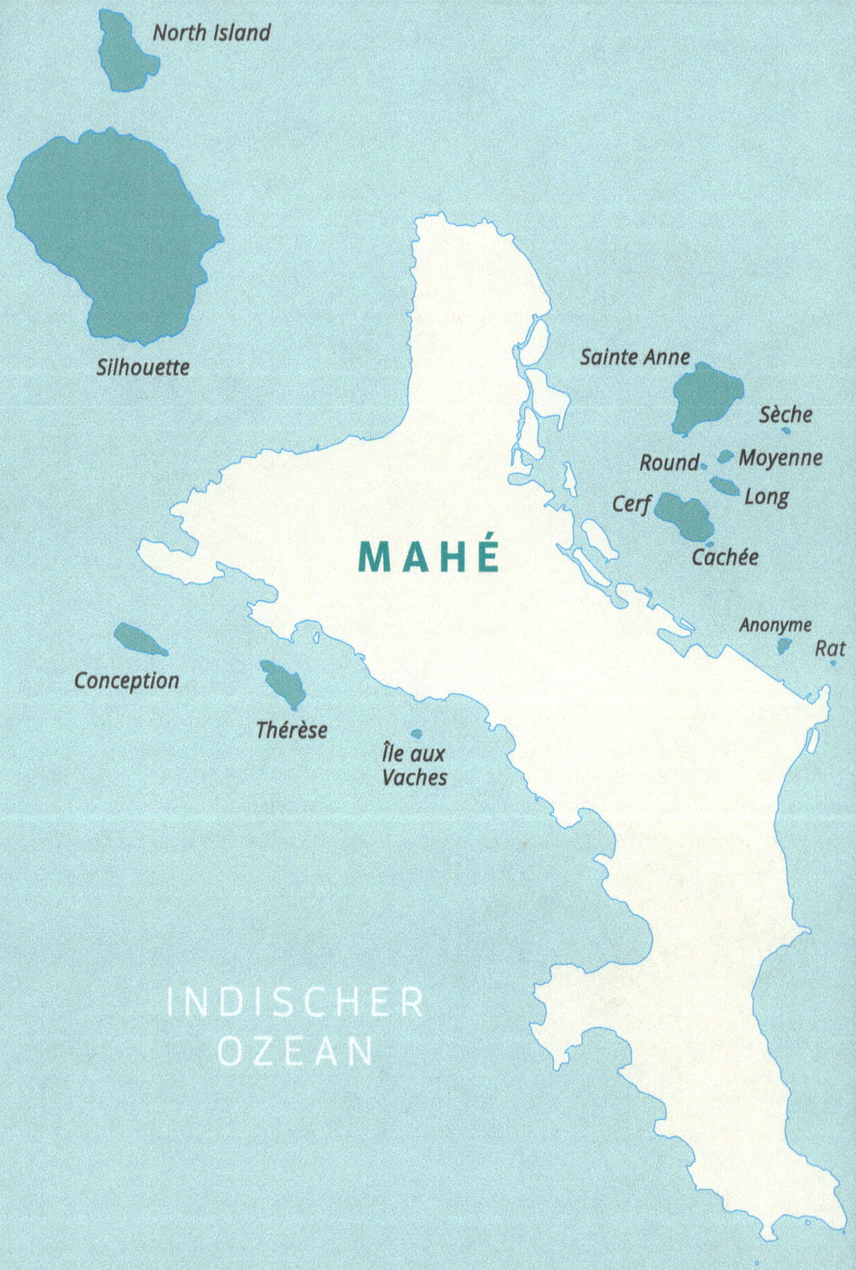

Moyenne, Long, Cerf und Round

INSELN DES SAINTE ANNE MARINE NATIONAL PARK

Der Sainte Anne Marine National Park liegt vor der Ostküste von Mahé und besteht aus sechs Inseln: Sainte Anne, Moyenne, Round, Long, Cerf und Cachée. Das Naturschutzgebiet ist reich an Fischen und anderen Meereslebewesen und daher ein beliebter Ort zum Schnorcheln und Tauchen.

Übernachtungsmöglichkeiten gibt es auf Sainte Anne, Cerf und Round. Von lokalen Reiseveranstaltern werden hauptsächlich Tagesausflüge auf die Insel Moyenne, teilweise in Kombination mit Cerf oder Long, angeboten. Die Ausflüge enthalten Schnorchelstopps und bei einem Tagesausflug ist auch ein Mittagessen inklusive.

Die Eintrittsgebühr für den Meeresnationalpark ist in der Regel bereits im Preis des Ausflugspakets enthalten. Die Anmietung eines Charterboots ist ebenfalls möglich.

täglich 9:00–17:00

€ *Nationalpark: 200 SCR (ca. 12 €)*
Tagesausflug: ca. 90–120 € p. P. (je nach Paketinhalt)

www.spga.gov.sc/parks/st-anne

Tourenanbieter:

- *Creole Travel Services (www.creoletravelservices.com)*
- *Mason's Travel (www.masonstravel.com)*
- *Calypso Excursions (calypsoexcursions.univer.se)*

SAINTE ANNE

Mit einer Fläche von rund 2,2 km² ist Sainte Anne die größte Insel des Meeresnationalparks. Hier wurde im Jahr 1770 die erste Siedlung der Seychellen durch französische Einwanderer errichtet. Ein Großteil der Insel wird von tropischem Regenwald eingenommen, der von einigen Wanderwegen durchkreuzt wird. An der südlichen Spitze befindet sich das 5-Sterne-Hotel Club Med Seychelles sowie eine Tauchschule. Der Zugang zur Insel ist in der Regel Hotelgästen vorbehalten.

MOYENNE

Moyenne trägt den Titel des kleinsten Nationalparks der Welt, ist aber gleichzeitig Teil des Sainte Anne Marine National Park. Auf der hügeligen und dicht bewachsenen Insel leben mehr als hundert Riesenschildkröten. Ein erlebnisreicher Rundweg führt in ca. 45 Minuten an einigen schönen Aussichtspunkten, Stränden, Ruinen und Steingräbern vorbei. Vor Ort gibt es außerdem ein kleines Museum über den verstorbenen Besitzer der Insel sowie ein Restaurant. Unterkünfte sind nicht vorhanden. Von allen Inseln des Sainte Anne Marine National Park ist Moyenne die spannendste für einen Tagesausflug.

Aldabra-Schildkröte auf Moyenne

Für gewöhnlich ist die Eintrittsgebühr für Moyenne bereits im Preis des Ausflugspakets enthalten.

täglich 10:00–16:00
€ 200 SCR (ca. 12 €)

ROUND

Auf der 200 Meter langen und 100 Meter breiten Insel befindet sich ein 5-Sterne-Resort mit zehn luxuriösen Villen. Die Insel ist in der Regel nur für Hotelgäste zugänglich.

LONG

Bis 2006 war Long als Gefängnisinsel bekannt. Nach der Verlegung der Strafanstalt nach Mahé war auf Long die Errichtung eines Resorts geplant. Der Rohbau wurde bereits errichtet, allerdings ruhen die Bautätigkeiten seit Jahren.

CERF

Cerf ist mit rund hundert Einwohnern die einzige bewohnte Insel des Sainte Anne Marine National Park. Auf der Insel befinden sich einige wenige Hotels und Gästehäuser, ein Aussichtpunkt, ein Gehege mit Riesenschildkröten sowie Schnorchel- und Wander-Trails. Neben den drei Restaurants, die zu den ortsansässigen Hotels gehören, gibt es auch eine kleine Strandbar.

CACHÉE

Die kleine Insel ist unbebaut. Cachée liegt nur etwa 50 Meter von Cerf Island entfernt, sodass bei Ebbe eine Überquerung zu Fuß möglich ist.

WEITERE INSELN ÖSTLICH VON MAHÉ

ANONYME

Auf der Insel befindet sich ein exklusives Privatresort. Die Insel ist nur für Gäste des Resorts zugänglich.

RAT UND SÈCHE

Die beiden Granitinseln sind unbewohnt und verfügen über keinerlei touristische Infrastruktur.

INSELN WESTLICH VON MAHÉ

ÎLE AUX VACHES

Die spärlich bewachsene Granitinsel ist touristisch nicht erschlossen.

THÉRÈSE

Auf diese unbewohnte Insel westlich von Port Glaud verschlägt es nur wenige Urlauber. Der rund 700 Meter lange Strand, der von Kokospalmen und üppiger Vegetation umrahmt wird, ist daher oft menschenleer. Dabei könnten die Schnorchelbedingungen nicht besser sein: klares Wasser, ein Korallenriff und eine große Fischvielfalt. Lokale Bootsführer bieten Überfahrten von Mahé nach Thérèse an. Eine Anlegestelle befindet sich in Port Glaud am Petite plage en face Thérèse, gegenüber der Church of Sts. Peter and Paul. Wenn du einen Bootsausflug nach Thérèse unternehmen möchtest, kannst du dich bei den Einheimischen vor Ort nach einem Bootsführer erkundigen.

Thérèse

CONCEPTION

Der aus dem Meer herausragende Hügel ist mit dichtem Wald bewachsen. Einst befand sich hier eine Kokosplantage, mittlerweile ist die Insel ein Naturschutzgebiet. Conception hat keine Strände und ist hohen Wellen und starken Strömungen ausgesetzt.

INSELN NORDWESTLICH VON MAHÉ

SILHOUETTE

Die drittgrößte Insel der Seychellen ist eine 45-minütige Bootsfahrt von Mahé entfernt. Auf der Insel leben rund 150 Einwohner und etwa genauso viele Riesenschildkröten. Ein Großteil der Insel wird von üppigem Regenwald eingenommen, aus dem die zwei höchsten Gipfel der Insel hervorragen – der Mont Plaisir mit 752 Metern und der Mont Dauban mit 740 Metern. Die Insel wird sowohl von seichten Stränden als auch von schroff abfallenden Felsbuchten umgeben. Abenteuerliche Wanderwege führen durch die weitgehend unberührte Natur.

Die Abgeschiedenheit und natürliche Vielfalt machen einen Aufenthalt auf Silhouette zu einem ganz besonderen Erlebnis. Urlauber können entweder im Hilton Seychelles Labriz Resort & Spa oder im La Belle Tortue übernachten. Vor Ort gibt es ein Tauchzentrum. Die Überfahrt mit dem Boot erfolgt zweimal täglich, jeweils vormittags und nachmittags, vom Hilton Labriz Jetty in Bel Ombre und ist über die jeweilige Unterkunft buchbar. Eine Anreise mit dem Helikopter ist ebenfalls möglich.

Für Nicht-Hotel-Gäste ist ein Besuch im Rahmen eines Tagesausflugs möglich. Dieser kann über das Hilton Labriz für 1.800 SCR pro Person (ca. 108 €) gebucht werden und beinhaltet den Bootstransfer, ein Mittagessen mit zwei Gängen und die Nutzung der Hilton-Einrichtungen.

NORTH ISLAND

Die Privatinsel liegt etwa 5 km nördlich von Silhouette entfernt. Auf der Insel befindet sich ein exklusives und äußerst hochpreisiges Luxusresort mit elf Villen. Der Zugang zu North Island ist in der Regel nur Gästen des Resorts gestattet.

Üppige Vegetation auf Silhouette

PRASLIN

Vallée de Mai

PRASLIN

Die zweitgrößte Insel der Seychellen ist weniger touristisch und somit ruhiger als Mahé.

Nur hier – auf Praslin und der vorgelagerten Insel Curieuse – wächst die legendäre Coco de Mer. Neugierig auf die Riesenkokosnuss? Dann erkunde das dichte Palmenwäldchen im Vallée de Mai oder wandere durch den malerischen Fond Ferdinand.

Auf Praslin leben rund 9 500 Einwohner. Die drei größten Orte der Insel sind Baie Sainte Anne, Grand Anse und Anse Volbert Village. In diesen beschaulichen Ortschaften finden sich etliche Unterkünfte, Restaurants und Geschäfte des täglichen Bedarfs. Die Fähren legen auf der Ostseite in Baie Sainte Anne an. Der Flughafen befindet sich auf der Westseite in der Nähe von Grand Anse.

An den vielen Stränden von Praslin kannst du dich wunderbar entspannen. Zu den bekanntesten zählen Anse Lazio, Anse Georgette und Anse Volbert. Spannende Erlebnisse unterschiedlicher Art erwarten dich auf Tagesausflügen zu den vorgelagerten Inseln: Riesenschildkröten und Coco-de-Mer-Palmen auf Curieuse, eine bunte Unterwasserwelt um St. Pierre und seltene Tier- und Vogelarten auf Cousin und Aride.

Von der Anse Boudin im Nordosten führt eine Küstenstraße im Uhrzeigersinn beinahe um die ganze Insel bis zur Anse Kerlan im Nordwesten – nur der äußerste Norden wird ausgespart; die dort gelegene Anse Lazio ist jedoch durch eine Stichstraße erreichbar. Die zweite Hauptverkehrsader verläuft zwischen Baie Sainte Anne und Grand Anse mitten durch die Insel. Die meisten Orte sind mit dem Auto und, mit gewissen Einschränkungen, auch mit dem Bus gut zu erreichen. Unternehmungen mit dem Fahrrad sind aufgrund der schmalen und hügeligen Straßen eher nicht zu empfehlen.

Cousine

Praslin hat viel zu bieten, daher solltest du mindestens vier Tage für deinen Aufenthalt einplanen.

Curieuse
Anse Lazio
Anse
Boudin
Smoon Island
St. Pierre
Chauve Souris
Anse
Volbert
PRASLIN
Grand Anse
Vallée de Mai
Glacis Noir
Nature Trail
Praslin
National Park
Baie Sainte
Anne
Eve
Round
Island
Fond Ferdinand
INDISCHER
OZEAN

BAIE SAINTE ANNE

Die Fähren Cat Cocos und Cat Rose legen am Fährhafen von Baie Sainte Anne an. In dem kleinen Ort im Osten der Insel wirst du zwar keine Sehenswürdigkeiten oder spektakuläre Strände finden, dafür aber einige Supermärkte und gastronomische Einrichtungen, die einen Besuch wert sind.

Jachthafen an der Baie Sainte Anne

GASTROTIPP

ROOTS JUICERY JUICE BAR

An der kleinen Hütte am Fährterminal werden Frucht- und Gemüsesäfte, Smoothies, Limonaden und Kokosnusswasser verkauft. Die Preise sind zwar etwas höher als im Supermarkt, dafür bekommst du hier wahre Vitaminbomben. Die Getränke bestehen zu 100 % aus natürlichen Zutaten, ohne Zucker- oder Wasserzusätze. Neben bekannten Obst- und Gemüsesorten werden in manchen Säften auch exotische Früchte wie Corossol (auch unter dem Namen Soursop bekannt), Tamarinde oder Java Apple verarbeitet. Besonders auffällig ist die leuchtendblaue Flasche der Mermaid Lemonade, die neben Kokoswasser, Zitronengras und Limette auch einen Algenextrakt enthält, der für die intensive Blaufärbung des Getränks verantwortlich ist. Nicht nur Getränke, auch einige Snacks können an der Saftbar gekauft werden, beispielsweise verschiedene Bowls, Wraps und Eis.

Auf Praslin betreibt Roots Juicery zudem einen kleinen Getränkestand an der Anse Volbert. Die Säfte werden ebenfalls in der Seybar und dem Café Paradiso am internationalen Flughafen von Mahé verkauft.

ERO Ferry Terminal, Baie Ste Anne
Mo.–Fr. 7:00–17:00, Sa. 7:00–13:00, So. geschlossen
www.rootsjuicery.sc
Preisbeispiele:
- *Smoothies ca. 130 SCR (ca. 8 €)*
- *Smoothie Bowls ca. 130 SCR (ca. 8 €)*
- *Fruchtsäfte 350 ml ca. 120–160 SCR (ca. 7–10 €)*

HALL CUISINE

Hinter dem Fährhafen am nördlichen Ende des Parkplatzes befindet sich ein kleiner Imbiss, der die üblichen Takeaway-Gerichte wie Burger aller Art, Grillhähnchen oder Fish and Chips verkauft. Natürlich werden auch kreolische Gerichte angeboten und mittags gibt es frischen Fisch vom Grill. Vor Ort sind einige Sitzmöglichkeiten vorhanden, inklusive einer schönen Aussicht auf die benachbarte Bucht.

Am Parkplatz neben dem ERO Ferry Terminal, Baie Ste Anne
keine Angabe
Preisbeispiele:
- *Grillhähnchen mit Reis 90 SCR (ca. 5 €)*
- *Fish and Chips 75 SCR (ca.5 €)*
- *Burger ab 50 SCR (ca. 3 €)*

TASTE & CHILL TAKEAWAY

Auf der Speisekarte dieses kleinen Imbisslokals stehen kreolische Spezialitäten vom Grill, verschiedene Currys und frische Salate. Die Portionen sind groß und die Preise günstig. Da sich das Takeaway großer Beliebtheit erfreut, ist es nicht unüblich, dass einige Gerichte gegen Abend bereits ausverkauft sind. Die Speisen kannst du entweder zum Mitnehmen bestellen oder direkt vor Ort in einem überdachten Außenbereich verzehren. Das Takeaway befindet sich in der Nähe der Anse L'Amour und liegt etwas abgelegen von der Hauptstraße auf einer kleinen Anhöhe in Richtung des Inselinneren.

- ***Nähe Anse L'Amour, Baie Ste Anne***
- *Mo.–Do. 11:30–20:30, Fr.–Sa. 11:30–21:00, So. geschlossen*
- *Preise: ca. 100–125 SCR pro Gericht (ca. 6–8 €)*

VALLÉE DE MAI

Als eine von nur zwei UNESCO-Weltnaturerbestätten der Seychellen zählt das Vallée de Mai zu den größten Schätzen der Inselrepublik. Die Hauptattraktion des dichten Urwalds sind die rund 5 000 Coco-de-Mer-Palmen, die dort in ihrer natürlichen Umgebung wachsen. Neben einigen anderen einheimischen Pflanzenarten leben in dem Naturpark auch viele Vögel, darunter der Black Parrot – eine äußerst seltene Papageienart, die nur auf den Seychellen vorkommt. Im Vallée de Mai sind zudem Flughunde, kleine Echsen und knallgrüne Geckos beheimatet.

Durch den tropischen Palmenwald führen mehrere Wanderwege. Die Pfade sind teilweise uneben und steil, aber mit etwas Anstrengung gut zu bewältigen. Du kannst das Vallée de Mai zwar auch auf eigene Faust erkunden, erlebnisreicher und informativer wird dein Besuch aber im Rahmen einer Führung. Unabhängige Guides vor Ort bieten mehrmals täglich Touren an.

Des Weiteren befinden sich auf dem Gelände ein Café, ein Informationszentrum und ein Souvenirladen. Wenn du mit dem Auto anreist, kannst du auf dem Parkplatz in der Nähe des Eingangs parken. Das Vallée de Mai ist auch mit dem Bus gut zu erreichen. Die Bushaltestellen liegen nur wenige Gehminuten vom Parkeingang entfernt und befinden sich jeweils an den Straßenrändern hinter den Kurven.

Baie Ste Anne
8:30–16:30 (letzter Eintritt 15:30)
€ *Eintritt vor Ort: 450 SCR (ca. 27 €)*
Eintritt bei Online-Buchung: 410 SCR (ca. 25 €)
Führung in größerer Gruppe: 150 SCR (ca. 9 €)
Privatführung: 1.000 SCR (ca. 60 €)
www.sif.sc/vdm

GLACIS NOIR NATURE TRAIL

Am Ziel dieser kurzen Wanderung erwartet dich eine Panoramaaussicht auf die Südostküste von Praslin. Der Startpunkt der Wanderung liegt östlich des Vallée de Mai auf der gegenüberliegenden Seite der Bushaltestelle. Die Wanderung beginnt zunächst gemächlich und wird im weiteren Verlauf durch die Steigung zunehmend anstrengender. Der abwechslungsreiche Pfad führt dich durch die tropische Vegetation, vorbei an Coco-de-Mer-Palmen, Kokospflaumensträuchern und Vanillepflanzen. Wenn du deine Umgebung aufmerksam beobachtest, kannst du unterwegs Chamäleons, Geckos, Schnecken an Baumstämmen oder sogar den seltenen Black Parrot entdecken. Einige hundert Meter vor dem Ziel führt der Weg über Wurzeln, Steine und Baumstämme weiter bergauf. Oben angekommen, erwartet dich ein Aussichtsturm, von dem aus du eine grandiose Aussicht auf Baie Sainte Anne und die dahinterliegenden Inseln La Digue, Félicité, Marianne, Petite Soeur und Grande Soeur genießen kannst.

leicht
1,4 km (einfache Strecke)
ca. 1 h (einfache Strecke)
östlich des Vallée de Mai, gegenüber der Bushaltestelle (in Richtung Baie Sainte Anne)
täglich 8:00–16:00
Eintritt: 100 SCR (ca. 6 €) – nur Kreditkartenzahlung
Parkplatz: 25 SCR (ca. 2 €) – nur Kreditkartenzahlung

Black Parrot

Kokospflaume

TIPP:
Wenn du dir die 25 SCR (ca. 2 €) für den Wanderparkplatz sparen möchtest, nutze den kostenlosen Parkplatz des Vallée de Mai und laufe die paar Meter zum Glacis Noir Nature Trail.

FOND FERDINAND

Neben dem Vallée de Mai gibt es auf Praslin einen weiteren Nationalpark: den Fond Ferdinand. Dieser kann dem berühmten UNESCO-Weltnaturerbe in puncto Pflanzen- und Tiervielfalt durchaus das Wasser reichen. Denn auch im Fond Ferdinand kannst du unzählige Coco-de-Mer-

Blick vom Aussichtspunkt im Fond Ferdinand

Palmen sowie andere seltene Pflanzen und Tiere bestaunen. Noch dazu ist der Fond Ferdinand flächenmäßig größer, günstiger und wird in der Regel von weniger Touristen frequentiert als das Vallée de Mai.

Ein ca. 2,5 km langer Pfad führt durch den tropischen Wald zu einem Aussichtspunkt, der einen herrlichen Blick auf die Baie Sainte Anne und die dahinterliegenden Inseln bietet. Der Weg dorthin wird dir jedoch einiges an Kraft und Kondition abverlangen, denn bis zur schönen Aussicht sind zunächst mehr als 700 Stufen zu bewältigen.

Den Fond Ferdinand kannst du entweder in Eigenregie oder im Rahmen einer geführten Tour erkunden, in der du Wissenswertes über die dortigen Pflanzen, Früchte und Gewürze erfahren kannst. Die Führung findet in der Regel dreimal täglich statt, dauert zwischen 1,5 und 2 Stunden und ist bereits im Eintrittspreis enthalten. Bitte beachte, dass gelegentlich eine Führung ausfallen kann.

Dein Auto kannst du auf dem kostenlosen Parkplatz vor dem Eingang abstellen. Der Fond Ferdinand ist auch mit dem Bus erreichbar. Die Haltestelle befindet sich in der Nähe der Anse Marie Louise, kurz vor der Einfahrt zum Fond Ferdinand.

Anse Marie Louise
Mo.–Fr. 8:00–16:00, Sa.–So. 9:00–13:00
Führungen: täglich 9:30 / 11:00 / 13:00
€ 300 SCR vor Ort (ca. 18 €), 270 SCR bei Online-Buchung unter www.sif.sc/sfw/tickets/purchase (ca. 16 €)

GRAND ANSE

Der kleine Ort in der Nähe des Flughafens ist touristisch gut ausgebaut und sowohl mit dem Auto als auch mit dem Bus gut zu erreichen. Hier befinden sich einige kleine bis mittelgroße Unterkünfte sowie mehrere Restaurants, Takeaways, Obststände und kleinere Supermärkte. Entlang der gleichnamigen Bucht verläuft ein weitläufiger Sandstrand, der flach ins Meer übergeht, im Vergleich zu anderen Stränden auf den Seychellen aber wenig spektakulär ist. Dazu trägt nicht unerheblich der Südostmonsun bei, der in der Zeit von Mai bis Oktober viel Seegras an den Strand spült. Beim Baden solltest du dich vor Stachelrochen in Acht nehmen.

GASTROTIPPS

LEO'S FOOD BUS

Dieses Takeaway könnte man fast schon als seychellische Fastfood-Kette bezeichnen. Neben dem Standort an der Grand Anse gibt es auf Praslin noch eine weitere Filiale an der Anse Volbert. Auf Mahé findest du die kleine Imbissbude sogar an vier Standorten – zweimal in Victoria sowie am Beau Vallon und an der Anse Royale.

Bei Leo's Food Bus gibt es gute und einfache Fisch- und Fleischgerichte zu niedrigen Preisen. Das Angebot an vegetarischen Varianten lässt allerdings zu wünschen übrig. Die Gerichte können entweder zum Mitnehmen bestellt oder in entspannter Atmosphäre direkt vor Ort auf Baumstämmen verzehrt werden.

Grand Anse
täglich 11:00–21:00
Preisbeispiele:
- *Fischsteak mit Pommes 125 SCR (ca. 8 €)*
- *Chili-Garnelen mit Reis 110 SCR (ca. 7 €)*
- *Cheeseburger 65 SCR (ca. 4 €)*

SOLEY KOUSE

Das Soley Kouse zählt zu den kulinarischen Highlights von Praslin. Die Lage des kleinen Restaurants, unmittelbar am Strand mit Blick auf das Meer, ist kaum zu überbieten. Gegen 18 Uhr wird es besonders atmosphärisch, denn dann kannst du hier das faszinierende Farbspiel des Sonnenuntergangs über der Westküste von Praslin beobachten.

Das Restaurant hat sich auf hausgemachte kreolische Speisen spezialisiert, darunter Currygerichte mit Garnelen, Hähnchen oder Gemüse. Besonderer Beliebtheit erfreut sich der ge-

grillte Fisch, der mit Reis, Linsen, Salat und hausgemachter Soße serviert wird. Die angebotenen Gerichte überzeugen durch Geschmack, Authentizität sowie ein gutes Preis-Leistungs-Verhältnis.

Das Soley Kouse befindet sich am Grand Anse Beach etwas versteckt hinter Leo's Food Bus. Eine Reservierung sollte idealerweise einen Tag im Voraus vorgenommen werden.

Grand Anse, hinter Leo's Food Bus

wechselnd und nicht an allen Tagen geöffnet, in der Regel nur abends

BEACH HOUSE

Das Restaurant gehört zum Bliss Hotel, kann aber mittags und abends auch von externen Gästen besucht werden. Unter einer überdachten Terrasse mit Sandboden und Blick auf den Pool kannst du in modernem und gemütlichem Ambiente Pizza, Pasta sowie kreolische Gerichte wie Currys oder Fisch vom Grill genießen. Auch Vegetarier kommen hier auf ihre Kosten. Das Preis-Leistungs-Verhältnis ist angemessen.

Grand Anse, im Bliss Hotel

täglich 12:00–15:00 und 19:00–21:30

www.bliss-hotel.net/beach-house-restaurant

Preisbeispiele:

- *Currys 20 €*
- *gegrillter Fisch 18 €*
- *Pasta Blue Cheese 14 €*

EINKAUFSTIPP

VIRGIN COCONUT OIL FACTORY

In der kleinen Produktionsstätte, die gleichzeitig auch als Laden genutzt wird, werden qualitativ hochwertige Bioprodukte aus Kokosnüssen hergestellt. Hier findest du kaltgepresstes Virgin Coconut Oil, Kokosnougat und unfassbar leckere Kokosnussmarmelade. Auch aus Kokosnuss hergestellte Kosmetikartikel und verschiedene Gewürze kannst du kaufen. Die freundlichen Besitzer üben ihr Handwerk mit Leidenschaft aus und erzählen dir im Rahmen einer kleinen Führung gern etwas über die Produktionsprozesse.

Wenn du den Ort Grand Anse auf der Küstenstraße von Süden kommend durchquerst, zweigt rund 50 Meter hinter dem Health Center ein kleiner unbefestigter Weg nach rechts zur Virgin Coconut Oil Factory ab. Achte auf ein weißes Schild mit schwarzer Schrift einige Meter vor der Bushaltestelle und lasse dich von der unscheinbaren Aufmachung des Gebäudes nicht irritieren. Wenn du authentische und originelle Mitbringsel suchst, bist du in der Virgin Coconut Oil Factory genau richtig!

Grand Anse

Mo.–Sa. 9:30–18:00

Preisbeispiele:

- *Vanilleschoten ab 200 SCR (ca. 12 €)*
- *Kokosnussmarmelade 100 SCR (ca. 6 €)*
- *Flasche Kokosnussöl ab 75 SCR (ca. 5 €)*

ANSE GEORGETTE

Die feinsandige Bucht, eingerahmt von malerischen Felsformationen und üppiger Tropenvegetation, zählt zu den schönsten Stränden Praslins. Der Zugang erfolgt über das Constance Lemuria Hotel und ist – nach vorheriger Anmeldung – auch für externe Besucher möglich. Da die Besucheranzahl pro Tag begrenzt ist, solltest du deinen Strandbesuch bereits ein bis zwei Tage im Voraus anmelden. Das kannst du ganz einfach über deine Unterkunft veranlassen oder direkt beim Constance Lemuria Hotel anfragen.

Ist deine Reservierung an der Eingangspforte bestätigt, beginnt ein etwa halbstündiger Spaziergang am Golfplatz entlang. Nach einigen Auf- und Abstiegen erreichst du die Anse Georgette – ein kompakter, aber traumhaft schöner Strand, der aufgrund des limitierten Zugangs nie überfüllt ist. Zahlreiche Bäume spenden ausreichend Schatten. Meistens bieten Verkäufer am Strand kühle Getränke und frisches Obst an.

Bei ruhigem Meer kannst du an der Anse Georgette einige bunte Fische, Rochen und manchmal sogar kleine Haie sehen. Dabei solltest du dich allerdings nicht allzu weit vom Strand entfernen, da dieser schnell steil abfällt und im tieferen Wasser mitunter Strömungen ihr Unwesen treiben. Die Bucht liegt zwar gut geschützt, dennoch kann auch hier das Meer während des Nordwestmonsuns, von November bis April, unruhiger sein. Auch Seegras kann in diesem Zeitraum vermehrt angespült werden. Ein vorgelagertes Riff ist nicht vorhanden.

Falls du mit einem Mietwagen anreist, kannst du diesen vor dem Hoteleingang kostenlos parken. In der Nähe befindet sich auch eine Bushaltestelle (Mont Plaisir Junction). Alternativ gelangst du vom Mont Plaisir über eine einstündige Wanderung zur Anse Georgette – auf diesem Weg benötigst du keine vorherige Reservierung für den Strand.

täglich 7:00–17:00
€ *kostenlos*
www.constancehotels.com/en/hotels-resorts/lemuria

Aussicht vom Anse Georgette Nature Trail

WANDERTIPP

MONT PLAISIR TO ANSE GEORGETTE NATURE TRAIL

Die etwa einstündige Panoramawanderung beginnt an der Bushaltestelle Mont Plaisir und führt dich bis zur Anse Georgette. Anfangs geht es durch einen schattigen Waldabschnitt, der restliche Teil des Weges befindet sich überwiegend in der Sonne. Der Wanderweg ist gut markiert, aber teilweise steinig und anspruchsvoll. Da es zunächst ein gutes Stück bergauf geht, solltest du eine gute Grundkondition mitbringen. Unterwegs erwarten dich malerische Aussichten auf die Westküste von Praslin und die umliegenden Inseln. Wenn du die Anse Georgette über den Nature Trail besuchst, benötigst du keine Zugangsreservierung des Constance Lemuria Hotels.

An der Bushaltestelle Mont Plaisir, dem Startpunkt der Wanderung, gibt es einige Parkmöglichkeiten. Wenn du von der Anse Georgette wieder zurück zu deinem Auto möchtest, kannst du die Abkürzung über das Gelände des Constance Lemuria Hotels nehmen. Dadurch brauchst du nur etwa eine halbe Stunde, bis du wieder am Startpunkt angelangt bist. Möchtest du von der Anse Georgette mit dem Bus weiterfahren, befindet sich die nächstgelegene Bushaltestelle in der Nähe des Hoteleingangs.

Den Nature Trail zur Anse Georgette gibt es auch als verlängerte Version ab der Honesty Bar an der Anse Lazio. Er führt wahlweise an der Küste entlang oder über die Haltestelle Mont Plaisir. Doch sei dir bewusst, dass dieser Weg an vielen Stellen überwuchert und nicht gepflegt ist, vor allem die Küstenroute ist nicht ganz ungefährlich. Die Markierungen lassen ebenfalls zu wünschen übrig. Wenn du kein Risiko eingehen möchtest, solltest du dich für den kürzeren Pfad entscheiden, der an der Bushaltestelle Mont Plaisir beginnt.

moderat
2,6 km (einfache Strecke)
ca. 1 h (einfache Strecke)
Bushaltestelle Mont Plaisir (Endhaltestelle)
€ *kostenlos*

ANSE LAZIO

Die Anse Lazio ist der bekannteste Strand von Praslin und lockt entsprechend viele Touristen an. Granitfelsen umrahmen die 600 Meter lange Bucht von beiden Seiten. Zahlreiche Palmen und Takamakabäume bieten natürlichen Sonnenschutz. Der Strandabschnitt verfügt über kein vorgelagertes Riff, daher können die Wellen, insbesondere zwischen November und April, auch mal höher sein. Während des Südostmonsuns, von Mai bis Oktober, zeigt sich das Meer meist von seiner ruhigen Seite.

In der Nähe des Strandes werden immer mal wieder Rochen gesichtet. Darüber hinaus wirst du im mittleren Strandbereich nur wenige Meeresbewohner treffen, da sich diese eher an den äußeren Enden, in der Nähe der Felsen, tummeln. Neben bunten Rifffischen könntest du dort Meeresschildkröten, Feuerfische oder sogar Haie zu Gesicht bekommen.

Vor Ort gibt es einige wenige Restaurants und Bars. Etwas misstrauisch solltest du gegenüber den geschäftstüchtigen Obsthändlern sein, die gelegentlich versuchen, Kokosnüsse zu überteuerten Preisen an Touristen zu verkaufen. Idealerweise sollte der Preis für eine einfache Kokosnuss bei 50 SCR liegen (ca. 3 €). Ein Verkaufspreis von 75 SCR (ca. 5 €) wäre bereits teuer; alles, was darüber hinausgeht, wäre unverschämt.

Etwa 200 Meter vom Strand entfernt liegt ein befestigter Parkplatz mit zahlreichen Stellplätzen, die pro Tag 100 SCR (ca. 6 €) kosten. Wenn du ein Stück weiterfährst zum Parkplatz des Le Chevalier Bay Restaurants, zahlst du zwar ebenfalls 100 SCR, kannst dafür aber Toilette, Dusche und WLAN des Restaurants benutzen und erhältst zusätzlich einen Restaurantgutschein in Höhe der Parkgebühr.

Die Anreise mit dem Bus ist etwas aufwendiger. Der Bus fährt nicht direkt zur Anse Lazio. Stattdessen musst du an der Haltestelle hinter der Anse Boudin in der Nähe der Villa Manoir aussteigen. Von dort läufst du ca. 20 Minuten bis zur Anse Lazio.

TIPP:
Auf der rechten Seite der Anse Lazio führt ein schmaler Trampelpfad durch den Wald zu einem kleinen, oft menschenleeren Strand namens Petite Anse Lazio, an dem es sich gut schnorcheln lässt.

GASTROTIPPS

KOKOLOKO BEACH BAR

An der kleinen Holzhütte im Norden der Anse Lazio gibt es den ganzen Tag über Cocktails, Smoothies und frische Säfte. Die Getränke werden vor Ort frisch zubereitet. Die Spezialität des Hauses ist der Kokoloko Cocktail – eine mit Ananassaft und Rum gefüllte Kokosnuss. Perfekt dazu passen Snacks wie Bananenchips, Samosas oder eine Obstplatte. Die lässige Hintergrundmusik trägt ihr Übriges zu einer entspannten Urlaubsatmosphäre bei. Toiletten und eine Dusche sind ebenfalls vorhanden. Strandliegen können für 250 SCR (ca. 15 €) gemietet werden.

Anse Lazio, nördliches Standende
täglich 11:00–19:30
Preisbeispiele:
- *Obstplatte 200 SCR (ca. 12 €)*
- *Cocktails 185–200 SCR (ca. 11–12 €)*
- *frische Fruchtsäfte 100 SCR (ca. 6 €)*

HONESTY BAR

Auf einer Anhöhe am südlichen Strandende der Anse Lazio befindet sich eine aus Holz gezimmerte Bar, die sich harmonisch in die tropische Vegetation einfügt. Die Bar wird von einem deutsch-seychellischen Paar betrieben. Neben gekühlten Softdrinks und Bieren gibt es hier unterschiedliche Varianten von Creole Punch. Dabei handelt es sich um einen Mix aus mehreren Takamaka-Rumsorten und einem Fruchtsaft nach Wahl. Für den kleinen Hunger kann eine Tüte Chips bestellt werden. Allein die wunderbare Aussicht auf das Meer und die Anse Lazio sprechen für einen Besuch der Honesty Bar.

Anse Lazio, südliches Strandende
täglich 11:00–19:00
Preisbeispiele:
- *Creole Punch 100–150 SCR (ca. 6–9 €)*
- *Bier 50–100 SCR (ca. 3–6 €)*
- *Cola 40 SCR (ca. 2 €)*

ANSE BOUDIN

Die Anse Boudin ist das genaue Gegenteil der Anse Lazio: fast menschenleer und ziemlich verschlafen. Zahlreiche mittelgroße Felsblöcke liegen wild verstreut entlang der 1 km langen Bucht, die von vielen Touristen übersehen wird. Dabei verfügt die Anse Boudin über eine tolle Aussicht auf die gegenüberliegende Insel Curieuse, ausreichend Schattenplätze und eine große Portion an Naturbelassenheit. Obwohl hier unter Wasser nur wenige Korallen intakt sind, ist beim Schnorcheln in Felsennähe die Wahrscheinlichkeit hoch, auf bunte Fische zu treffen. Am südlichen Ende des Strandes liegt die winzige Insel Smoon Island, die bei Ebbe zu Fuß erreichbar ist.

Aufgrund der abgeschiedenen Lage ist das touristische Angebot überschaubar. In fußläufiger Entfernung gibt es einen Supermarkt, ein Restaurant und einen kleinen Laden, in dem du handgemachte Souvenirs aus Holz kaufen kannst.

Die Anse Boudin liegt direkt an einer Straße, an der es auch zwei Bushaltestelle gibt. Falls du mit dem Auto unterwegs bist, kannst du dieses vor der Kirche Notre Dame Sacre Coeur Chapel parken.

ANSE VOLBERT (CÔTE D'OR)

Die Anse Volbert und die Côte d'Or sind Synonyme für den gleichen Strandabschnitt im Osten von Praslin. Die fast 3 km lange Bucht ist weniger überlaufen und deutlich ruhiger als die Anse Lazio. Der weiße Sandstrand wirkt bei gutem Wetter besonders hell und ergibt mit dem satten Türkis des Meeres ein beeindruckendes Kontrastbild. An diesem Strand gibt es nicht allzu viele Granitfelsen, dafür ragt auf Höhe der kleinen Insel Chauve Souris eine horizontale Palme aus dem Gebüsch, die ein interessantes Fotomotiv abgibt.

An der Anse Volbert sind die Wellen meistens niedrig und das Meer gewinnt nur langsam an Tiefe, wodurch sich der Strand bestens zum Baden, aber weniger zum Schnorcheln und Schwimmen eignet. Im seichten Wasser sind häufiger Rochen anzutreffen, daher solltest du beim Baden stets wachsam sein. Auch Sandfliegen treiben an der Anse Volbert gelegentlich ihr Unwesen, vor allem zur Zeit des Südostmonsuns von Mai bis Oktober, wenn vermehrt Seegras angeschwemmt wird. Achtung: Die Stiche der Sandfliege können im Nachhinein äußerst unangenehm jucken.

Direkt am Strand gibt es einige Obst- und Getränkeverkäufer. Der dahinterliegende Ort ist touristisch gut ausgebaut und verfügt über eine Vielzahl an Restaurants, Takeaways und Einkaufsmöglichkeiten. Wenn du die Unterwasserwelt von Praslin entdecken möchtest, hast du an der Anse Volbert die Wahl zwischen mehreren Tauchzentren. Über diverse

Tourenanbieter kannst du Bootsausflüge auf die benachbarten Inseln buchen. Leider werden Touristen immer wieder von unseriösen Tourenverkäufern übers Ohr gehauen. Achte daher unbedingt darauf, nur Touren bei Anbietern zu buchen, die über eine offizielle Lizenz verfügen.

Die Anse Volbert ist gut mit dem Auto und dem Bus erreichbar. Etliche Parkmöglichkeiten und Bushaltestellen befinden sich in fußläufiger Entfernung zum Strand.

GASTROTIPPS

LEO'S FOOD BUS

Wenn du nach einer günstigen und schmackhaften Mahlzeit suchst, bist du bei Leo's Food Bus an der richtigen Adresse. Auf der Westseite von Praslin gibt es einen weiteren Standort der beliebten Imbissbude. Das gastronomische Angebot ist bei beiden gleich: eine große Auswahl an Burgern sowie anderen Fisch- und Fleischgerichten.

Anse Volbert, nördliche Strandhälfte
täglich 11:00–21:00
Preisbeispiele:
- *Fischsteak mit Pommes 125 SCR (ca. 8 €)*
- *Chili-Garnelen mit Reis 110 SCR (ca. 7 €)*
- *Cheeseburger 65 SCR (ca. 4 €)*

STARFISH BAR & RESTAURANT

Das Restaurant an der Anse Volbert gehört zum Acajou Beach Resort, kann aber auch von externen Gästen besucht werden. Die Gerichte sind einfach, aber lecker und werden frisch zubereitet. Bis zum frühen Abend werden dir hier Salate, Pasta, Sandwiches und Fisch serviert. Die Spezialität des Hauses ist das Oktopus-Curry mit Kokosnussmilch. Das Restaurant ist eine gute Wahl für einen Snack in ruhiger und entspannter Atmosphäre. Von den Terrassenplätzen hast du einen schönen Blick auf das Meer. Im Vergleich zu anderen Restaurants der Insel befinden sich die Preise im Mittelfeld.

Anse Volbert, südliche Strandhälfte
täglich 11:30–19:00
www.acajouseychelles.com
Preisbeispiele:
- *Burger mit Pommes 210 SCR (ca. 13 €)*
- *Smoked Fish Salad 185 SCR (ca. 11 €)*
- *Suppe mit Meeresfrüchten und Linsen 130 SCR (ca. 8 €)*

EINKAUFSTIPP

GALERIE PASSEROSE

In der kleinen Galerie an der Anse Volbert findest du Gemälde, Kunstdrucke und andere Kunstwerke von lokalen Künstlern. Die Besitzerin entwirft Schmuckstücke aus Muscheln und kleinen Treibholzstücken, die du erwerben kannst.

Cote D'Or Esplanade, Anse Volbert, nördliche Strandhälfte
täglich 10:30–18:30

DIE INSELN UM PRASLIN

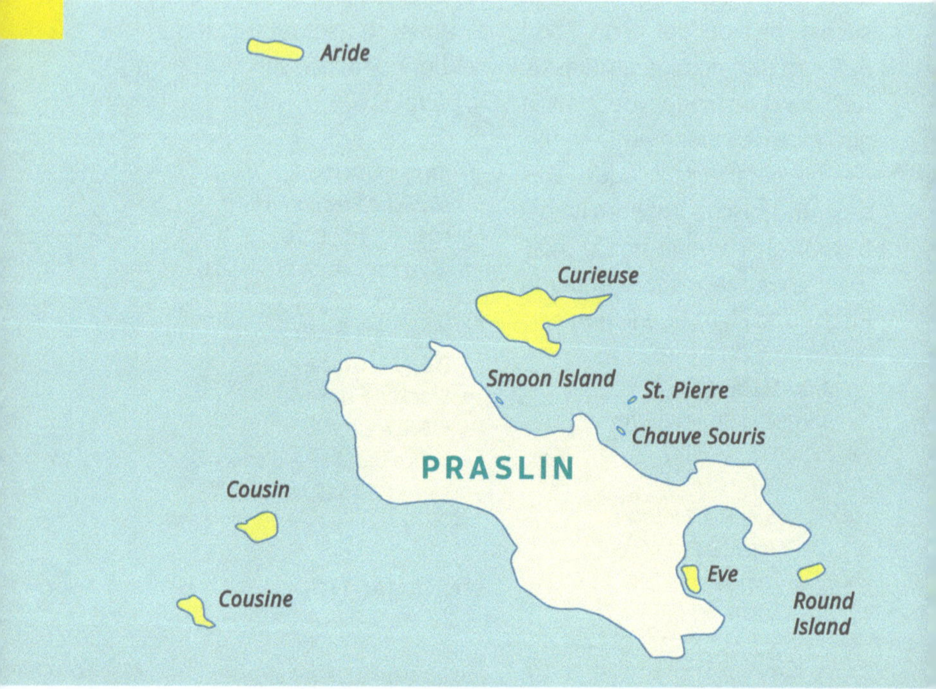

Wanderpfad zwischen Baie Laraie und Anse St. Jose auf der Insel Curieuse

CURIEUSE

Curieuse liegt rund 2 km vor der Nordostküste Praslins und ist neben Praslin der einzige weitere Ort, an dem die Coco de Mer auf natürliche Weise wächst. Eine zusätzliche Besonderheit der Insel sind die rund 200 Riesenschildkröten, die dort in freier Wildbahn leben.

Curieuse kann entweder per Taxiboot oder im Rahmen eines organisierten Tagesausflugs besucht werden. Das Ausflugspaket beinhaltet oftmals einen Schnorchelstopp an der Insel St. Pierre und wahlweise ein Barbecue am Strand. Bei manchen Anbietern ist die Eintrittsgebühr von 300 SCR (ca. 18 €) für Curieuse bereits im Preis enthalten, bei anderen nicht. Leider gibt es unter den Bootsanbietern einige schwarze Schafe, die immer wieder versuchen, Touristen mit unseriösen Ausflugsangeboten abzuzocken. Achte darauf, nur bei lizenzierten Anbietern zu buchen.

Die Überfahrt von der Anse Volbert nach Curieuse dauert rund 15 Minuten. Die Boote legen entweder an der Baie Laraie oder an der Anse St. Jose an. Beide Strände sind durch einen etwa 40-minütigen Wanderpfad miteinander verbunden, der durch einen Mangrovenwald und über Holzstege führt. Die Riesenschildkröten tummeln sich hauptsächlich an der Baie Laraie. An der Anse St. Jose befinden sich das Doctor's House und einige überwucherte Ruinen aus dem 19. Jahrhundert, als Curieuse noch eine Quarantäneinsel für Leprakranke war.

Ein zweiter spannender Wanderweg – der Anse Badamier Nature Trail – führt vom Mangrovensumpf in der Nähe der Baie Laraie bis zur Anse Badamier im Norden der Insel. Die Wanderung ist mittelschwer und in etwa einer Stunde zu bewältigen (einfache Strecke).

Auch zum Schnorcheln ist Curieuse bestens geeignet. Gelegentlich sind an der Küste kleine Zitronenhaie zu sehen, von denen in der Regel aber keine Gefahr ausgeht. Der beste Ort zum Schnorcheln und Tauchen ist die Pointe Rouge, auch Coral Garden genannt, im Osten der Insel. Aber auch an den Stränden Anse St. Jose und Anse Badamier gibt es schöne Schnorchelplätze.

Übernachtungsmöglichkeiten und gastronomischen Einrichtungen sucht man auf der Insel vergeblich. Toiletten sind jedoch vorhanden.

- *täglich 9:00–17:00*
- *Eintritt: 300 SCR (ca. 18 €)*
  Taxiboot: ca. 50–60 € p. P.
  Tagesausflug: ca. 60–110 € p. P. (je nach Paketinhalt)
- *www.spga.gov.sc/parks/curieuse*

Tourenanbieter:

- *Surfari Seychelles (www.surfariseychelles.com)*
- *Angel Tours (www.angeltours.sc)*
- *Ziblo Boat Charter (www.ziblo.koek.sc)*

St. Pierre

ST. PIERRE

Die winzige mit Palmen bewachsene Granitinsel ist ein beliebtes Ziel für Schnorchel- und Tauchtouristen. Obwohl die Korallen rund um die Insel größtenteils abgestorben sind, ist die Fischvielfalt an dieser Stelle dennoch beeindruckend. Die meisten Touristen besuchen St. Pierre im Rahmen eines organisierten Tagesausflugs in Kombination mit einem Besuch auf Curieuse. Darüber hinaus ist auch eine individuelle Anreise per Taxiboot möglich.

Aufgrund der vielen Ausflugsboote wird es vor allem nachmittags sehr voll um St. Pierre, was den Schnorchelspaß durchaus trüben kann. Wenn die Möglichkeit besteht, solltest du St. Pierre möglichst früh am Tag besuchen, um ganz in Ruhe die vielseitige Unterwasserwelt zu bestaunen.

CHAUVE SOURIS

Die kleine Privatinsel liegt nur etwa 300 Meter von der Anse Volbert entfernt und beherbergt das Hotel Chauve Souris Relais mit fünf Bungalows.

ROUND ISLAND

Auf der Privatinsel befindet sich ein kleines exklusives Resort. Die Gewässer rund um die Insel eignen sich perfekt zum Schnorcheln und Tauchen.

EVE

Die Insel wurde durch Aufschüttungsmaßnahmen errichtet und ist über eine Brücke an Praslin angebunden. Auf der Insel

Cousine

befinden sich Hafenanlagen, die Feuerwache von Praslin, ein Schwimmbad mit einem 25-Meter-Pool sowie weitere gewerbliche Einrichtungen.

COUSINE

Die Insel westlich von Praslin ist ein ausgewiesenes Naturschutzgebiet. Seit 1992 befindet sich Cousine im Besitz der heutigen Eigentümerfamilie, die das Ziel verfolgte, die heimische Tier- und Pflanzenwelt auf der vernachlässigten und abgewirtschafteten Insel wiederherzustellen. Dies gelang durch die Entfernung invasiver Tier- und Pflanzenarten und die anschließende Ansiedlung heimischer Flora und Fauna, darunter einige Aldabra-Riesenschildkröten und seltene Vogelarten. Zur Finanzierung der Naturschutzprojekte wurde das exklusive Cousine Island Resort errichtet, das aus nur vier Villen besteht und maximal zwölf Gäste beherbergt. Der Zutritt zur Insel ist ausschließlich Gästen des Resorts vorbehalten.

COUSIN

Cousin liegt ebenfalls an der Westküste von Praslin ungefähr 2 km von Cousine entfernt. Die Insel wurde 1968 vom Internationalen Rat für Vogelschutz angekauft, um den vom Aussterben bedrohten Seychellen-Rohrsänger zu retten. Im Zuge dessen wurde die einstige Kokosnussplantage in ein Naturschutzgebiet umgewandelt, in dem heute nicht nur zahlreiche Exemplare des Seychellen-Rohrsängers, sondern auch andere seltene Vögel, Geckos und Riesenschildkröten beheimatet sind.

Seychellen-Rohrsänger

Die Insel ist für die Öffentlichkeit zugänglich und kann im Rahmen einer geführten Tour erkundet werden. Einige lokale Tourenanbieter bieten Ausflugspakete an, in denen ein Besuch auf Cousin enthalten ist. In manchen Ausflugspaketen ist die Eintrittsgebühr von 600 SCR (ca. 36 €) inklusive, bei anderen nicht. Um zu verhindern, dass Schädlinge in das Naturschutzgebiet gelangen, müssen die Ausflugsboote ungefähr 200 Meter vor Cousin ankern. Besucher steigen dann auf Zubringerboote des Reservats um, mit denen sie auf die Insel gebracht werden. Wenn der Besucherandrang hoch ist, kann es zu längeren Wartezeiten bei der Überfahrt kommen.

Damit dir der Inselausflug in guter Erinnerung bleibt, solltest du Vorkehrungen für die unzähligen Moskitos treffen, die dich auf Cousin erwarten werden. Ein Mückenspray ist auf diesem Trip unverzichtbar. Lange Kleidung ist ebenfalls empfehlenswert, diese sollte aber nicht dunkel sein, da dadurch die Moskitos angelockt werden.

🕒 *Mo.–Fr. 9:45–12:30, Sa.–So. geschlossen*
€ *Eintritt: 600 SCR (ca. 36 €) Tagesausflug: ca. 160–180 € p. P. (je nach Paketinhalt, meistens in Kombination mit Curieuse, St. Pierre und Barbecue)*
🌐 *www.cousinisland.net*

Tourenanbieter:

- *Surfari Seychelles (www.surfariseychelles.com)*
- *Swell Boat Charter (Buchung über www.seyvillas.com)*
- *Masons Travel (www.masonstravel.com)*

ARIDE

Das Naturschutzgebiet befindet sich rund 9 km vor der Nordküste Praslins. Die üppig bewachsene Insel dient zahlreichen teils seltenen Vögeln als Nistplatz und beheimatet verschiedene Echsen, harmlose Schlangen und Krebse. Im Winter kommen hier Meeresschildkröten an Land, die ihre Eier im Sand ablegen. Interessierte Besucher können die Insel im Rahmen einer geführten Tour erkunden, die über einen ca. 2 km langen Rundwanderweg führt. Vom höchsten Punkt der Insel, dem Gipfel des 134 m hohen Gros La Tête, hast du eine schöne Panoramasicht auf das Meer und die umliegenden Inseln. Die Führung ist im Eintrittspreis von 650 SCR (ca. 39 €) enthalten.

Die Überfahrt von Praslin dauert etwa eine halbe Stunde. Wie im Falle von Cousin ist kurz vor der Anlandung der Umstieg auf inseleigene Zubringerboote erforderlich, die die Besucher das letzte Stück auf die Insel befördern. Von Mai bis September ist ein Besuch der Insel in der Regel nicht möglich, da eine Anlandung durch die starke Brandung zu gefährlich ist. Von Oktober bis April werden Ausflüge in der Regel mehrmals wöchentlich angeboten.

Die Inseln Aride und Cousin sind Naturschutzgebiete für seltene Vögel. Aufgrund der größeren Distanz zu Praslin wird Aride seltener von Touristen besucht. Dementsprechend ist diese Insel ruhiger und naturbelassener.

◷ *Okt.–Apr. i. d. R. Mo.–Fr.; nach vorheriger Vereinbarung auch Sa.–So.*
€ *Eintritt: 650 SCR (ca. 39 €), inkl. geführter Tour Halbtagesausflug: ca. 120 € p. P.*
🌐 *www.arideisland.com*

Tourenanbieter:

- *Surfari Seychelles (www.surfariseychelles.com)*
- *Sagittarius Taxi Boat Excursions (über Instagram oder Facebook)*

Seychellendajal

SMOON ISLAND

Nur wenige Meter von der Anse Boudin entfernt, befindet sich eine Felsansammlung im Wasser, auf der einige Bäume wachsen. An den Felsen lässt es sich gut schnorcheln. Bei Ebbe ist Smoon Island von der Anse Boudin problemlos zu Fuß erreichbar.

LA DIGUE

LA DIGUE

Mit einer Fläche von ca. 10 km² ist La Digue die kleinste der drei Hauptinseln.

Die knapp 4 000 Einwohner leben größtenteils im Westen der Insel, wo sich auch das touristische Zentrum und viele Unterkünfte befinden. Auf La Digue gibt es kaum Autos – das Fahrrad ist hier mit Abstand das beliebteste Verkehrsmittel.

Allgemein herrscht auf La Digue eine sehr entspannte Atmosphäre. Im Gegensatz zu Mahé wirst du hier keine großen Hotelanlagen finden. Stattdessen gibt es zwei Unterkünfte mit je rund 60 Zimmern, einige kleinere Hotels sowie zahlreiche Gästehäuser und Ferienwohnungen.

Die Insel verfügt über eine Vielzahl traumhafter Strände, allen voran die weltberühmte Anse Source d'Argent. Wer sich sportlich betätigen möchte, kann aus verschiedenen abenteuerlichen Wanderungen wählen oder einen Schnorchelausflug zu den Nachbarinseln Grande Soeur, Coco Island oder Félicité buchen.

Dank ihres besonderen Inselflairs gilt La Digue für viele Touristen als die schönste der drei Hauptinseln. Um die ganze Vielfalt zu entdecken, solltest du mindestens drei Tage einplanen.

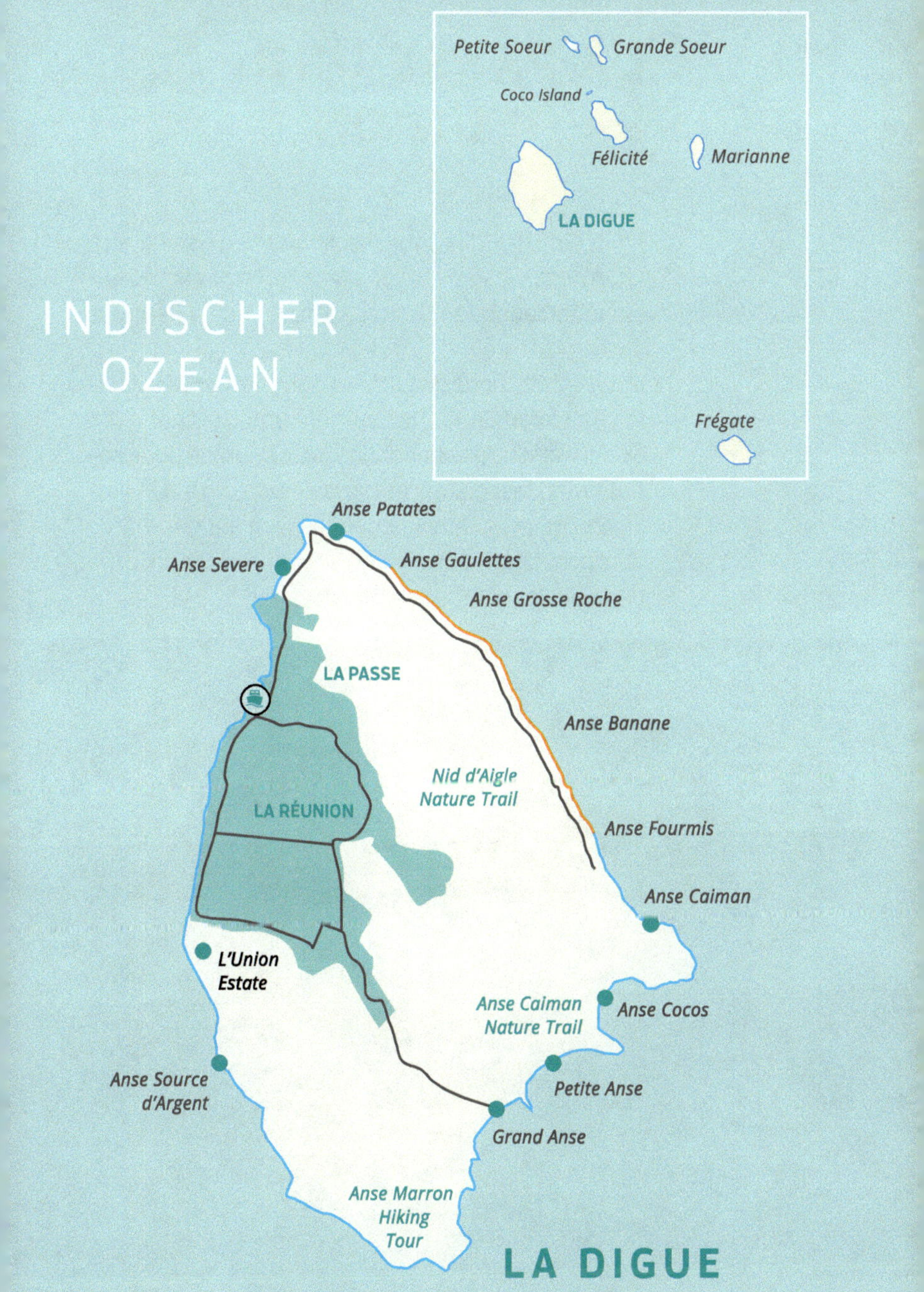
Petite Soeur
Grande Soeur
Coco Island
Félicité
Marianne
LA DIGUE
Frégate
INDISCHER OZEAN
Anse Patates
Anse Severe
Anse Gaulettes
Anse Grosse Roche
LA PASSE
Anse Banane
Nid d'Aigle Nature Trail
LA RÉUNION
Anse Fourmis
Anse Caiman
L'Union Estate
Anse Caiman Nature Trail
Anse Cocos
Anse Source d'Argent
Petite Anse
Grand Anse
Anse Marron Hiking Tour
LA DIGUE

LA PASSE UND LA RÉUNION

Ein Großteil des touristischen Lebens spielt sich im Inselwesten ab, vor allem in den direkt nebeneinanderliegenden Orten La Passe und La Réunion.

In La Passe findest du den Fährhafen sowie zahlreiche Unterkünfte, Restaurants und Geschäfte. Im Süden geht La Passe nahtlos in La Réunion über, sodass man fast glaubt, es handele sich um einen einzigen Ort. In La Réunion geht es weniger geschäftig zu, doch auch hier befinden sich etliche Unterkünfte und Lokale.

Der Fähr- und Jachthafen von La Digue
und die Ortschaft La Passe

Beide Orte sind ideale Ausgangspunkte, um La Digue zu erkunden – am besten natürlich mit einem Fahrrad, das du entweder von deiner Unterkunft gestellt bekommst oder vor Ort mieten kannst. In Richtung Norden gelangst du zur belebten Anse Severe. Wenn du von dort aus etwas weiter bis zur Nordostküste fährst, erwartet dich eine Reihe naturbelassener Strände. Im Süden befinden sich der L'Union Estate Park mit der Anse Source d'Argent sowie die Anse Marron an der unteren Inselspitze. In südöstlicher Richtung liegen die wilden Strände Grand Anse, Petite Anse und Anse Cocos.

GASTROTIPPS

NATURE'S CHOICE RESTAURANT

In dem neu eröffneten Restaurant in der Nähe des Fährhafens werden Frühstück, Mittagessen und Abendessen angeboten. Das Restaurant hat sich auf hochwertige regionale Gerichte spezialisiert, darunter verschiedene Suppen, Salate, Currys, Pasta sowie Fisch und Fleisch vom Grill. Die Zutaten sind frisch, das Essen schmackhaft und die Preise fair. Zum Nachtisch solltest du dir das hausgemachte Vanilleeis nicht entgehen lassen. Das Restaurant ist gemütlich eingerichtet und lädt zum Verweilen ein.

La Passe, nördlich des Fährhafens
täglich 8:00–21:00
Preisbeispiele:
- *gegrilltes Rinderfilet mit Weinsoße 350 SCR (ca. 21 €)*
- *Hai-Curry 270 SCR (ca. 16 €)*
- *Gemüse-Curry 210 SCR (ca. 13 €)*

NATURAL BAR GRILL & DRINKS

Einige Gehminuten nördlich des Fährhafens findest du einen tropischen Biergarten, der die locker-lässige Inselatmosphäre von La Digue widerspiegelt. Die Spezialitäten des Hauses sind Fisch und Fleisch vom Grill. Entscheidest du dich für das klassische Barbecue-Menü, kannst du dir aus sechs Grilloptionen

zwei Einheiten zum Mittagessen bzw. drei Einheiten zum Abendessen aussuchen. Du hast die Wahl aus Fisch, Oktopus, Garnelen, Lamm, Rind und Hühnchen. Als Beilage werden Salat, Reis und Knoblauchbrot gereicht. Im Menü bekommst du sogar einen Nachtisch dazu. Eine vegetarische Variante ist ebenfalls verfügbar.

Die Preise sind zweifelsohne gehoben, dafür erhältst du eine große Portion mit leckeren Gerichten vom Grill, die du in gemütlichem Ambiente und mit schönem Ausblick auf das Meer genießen kannst. Location und Konzept des Restaurants sind in ihrer Art auf La Digue einmalig und trotz der hohen Preise einen Besuch wert.

Hinweis: Die Preise auf der Getränkekarte und dem Mittagsmenü enthalten keine Mehrwertsteuer, hier kommen noch mal 15 % hinzu. Interessanterweise ist die Mehrwertsteuer in den Preisen des Abendmenüs bereits enthalten. Achte darauf ob „VAT 15 %" auf der Karte steht, denn dann wird zu den ausgewiesenen Preisen noch die Mehrwertsteuer hinzugerechnet. Für die Bezahlung mit Kreditkarte fällt zudem eine Gebühr von 3 % des Gesamtpreises an.

La Passe, nördlich des Fährhafens
Mo.–Sa. 11:30–22:00, So. 16:00–22:00

Preisbeispiele:

- *Barbecue Dinner Menü mit drei Optionen 625 SCR (ca. 38 €)*
- *Barbecue Lunch Menü mit zwei Optionen 475 SCR zzgl. 15 % MwSt. (ca. 29 € zzgl. 15 % MwSt.)*
- *Cocktails 200–275 SCR zzgl. 15 % MwSt. (ca. 12–17 € zzgl. 15 % MwSt.)*

GLORIOUS BAKERY & SNACKS

Die kleine Bäckerei mit der großen Auswahl an Kuchen, Torten und frischem Brot ist mit zwei Standorten auf Mahé (Victoria und Beau Vallon) und einem auf La Digue vertreten. In den Filialen erwarten dich qualitativ hochwertige Süß- und Backwaren zu fairen Preisen. Neben guten Kaffeegetränken aus der Siebträgermaschine werden warme Speisen wie Burger, Pizza und Pommes angeboten.

Der Laden liegt nur wenige Schritte vom Fährhafen entfernt, ist aber auf den ersten Blick nicht als solcher ersichtlich. Gehe, vom Fährhafen kommend, einige Meter nach links

und achte auf ein gelbes Schild mit geschwungenem Schriftzug. Dort biegst du nach rechts ab in eine unscheinbare Gasse. Im Hinterhof befindet sich die Bäckerei.

La Passe, in der Nähe des Fährhafens
täglich 7:00–20:00 (Speisesaal ab 11:00)
Preisbeispiele:
- *Pizza 150 SCR (ca. 9 €)*
- *Cappuccino 40 SCR (ca. 2 €)*
- *Kuchenteilchen 12–35 SCR (ca. 1–2 €)*

THE BLACK BULL CAFÉ

Das stilvoll gestaltete Restaurant wurde erst 2025 eröffnet und befindet sich nur wenige Meter vom Fährhafen in südliche Richtung. Achte von der Hauptstraße aus auf eine große schwarze Bullenskulptur auf der linken Seite, die alle Gäste am Eingang des Black Bull Café willkommen heißt. Die Speisekarte bietet verschiedene Salate, Currys sowie Fisch- und Fleischgerichte. Als Nachspeise kannst du dir eine flambierte Banane schmecken lassen, natürlich mit Takamaka-Rum. Preislich ist das Restaurant im oberen Mittelfeld angesiedelt, dafür überzeugen die Speisen durch gute Qualität und einen ausgezeichneten Geschmack.

La Passe, südlich des Fährhafens
ab 11:30 Uhr
Preisbeispiele:
- *Rib Eye Steak 585 SCR (ca. 35 €)*
- *gegrillter Fisch 350 SCR (ca. 21 €)*
- *griechischer Salat 250 SCR (ca. 15 €)*

LO LANS BEACH BAR

In dieser Strandbar an der Anse Réunion gibt es die wahrscheinlich besten Cocktails und leckersten Pizzen von La Digue. Die am Strand aufgestellten Loungemöbel und Liegestühle tragen zu einer entspannten Atmosphäre bei. Am schönsten ist es hier, wenn die Sonne in einem bunten Farbspektakel hinter Praslin untergeht. Die Strandbar gehört zum Le Repair Boutique Hotel; der Zugang erfolgt über die Hotellobby.

La Réunion, im Le Repaire Boutique Hotel
täglich 15:00–22:00
www.lerepaireseychelles.com
Preisbeispiele:
- *Pizza Quattro Formaggi 295 SCR (ca. 18 €)*
- *Knoblauchpizzabrot 125 SCR (ca. 8 €)*
- *Bruschetta 100 SCR (ca. 6 €)*

REY & JOSH CAFE TAKEAWAY

Das Takeaway liegt etwas abgelegen am Ortsende von La Réunion. Wenn du dich von La Passe oder La Réunion auf den Weg zu den Stränden Grand Anse, Petite Anse und Anse Cocos machst, wirst du hier mit hoher Wahrscheinlichkeit vorbeikommen. Auf der wechselnden Menükarte werden einfache kreolische Gerichte zu günstigen Preisen angeboten. Wie bei vielen anderen Takeaways gilt auch bei Rey & Josh: Wer früher kommt, hat die größte Auswahl. Die Speisen können auf der Terrasse an einem der Holztische verzehrt werden.

La Réunion, in Richtung südöstliche Strände
Mo.–Sa. 12:00–20:00, So. geschlossen
Preisbeispiele:
- *Thunfisch Steak 95 SCR (ca. 6 €)*
- *Rum & Raisin Ice Cream 80 SCR (ca. 5 €)*
- *Gemüse-Curry 75 SCR (ca. 5 €)*

NID D'AIGLE NATURE TRAIL

Mit einer Höhe von 333 Metern ist der Nid d'Aigle der höchste Punkt von La Digue. Zum Startpunkt der Wanderung führt eine steile, etwa 1 km lange Betonstraße. Wer es mit dem Fahrrad, ohne vorher abzusteigen, bis nach oben schafft, verfügt höchstwahrscheinlich über Superkräfte. Tatsächlich handelt es sich bei diesem Abschnitt um den anstrengendsten Teil der Wanderung, wenngleich die Straße eigentlich nicht Bestandteil des Trails ist.

Kurz vor der Belle Vue Snack Bar beginnt auf der rechten Seite der Trail. Nach einigen Minuten bergauf erreichst du eine Weggabelung. Wähle die linke Abzweigung für die einfachere Route. Auf diesem Rundwanderweg gibt es zwei Aussichtspunkte mit einem beeindruckenden Weitblick über La Digue und die umliegenden Inseln. An klaren Tagen kannst du sogar bis nach Mahé blicken. Die Namensgebung des Berges erschließt sich dir, sobald du die auffällige Felsformation passierst, die wie ein Adlernest geformt ist (frz. nid d'aigle). Der Wanderweg endet dort, wo er begonnen hat: in der Nähe der Belle Vue Snack Bar. Zur Belohnung kannst du dir in der Bar einen leckeren Fruchtsaft oder Cocktail gönnen und dabei die traumhafte Aussicht über die Insel genießen.

Die Wanderung ist aufgrund der Steigung anspruchsvoll und erfordert ein gewisses Maß an Kondition. An einigen Stellen wird der Weg sehr schmal und kann zugewachsen sein; die Wegführung ist nicht immer klar erkennbar. Unterwegs musst du gelegentlich über Felsen oder umgestürzte Bäume klettern. Versuche auf dem offiziellen Rundwanderweg zu bleiben und lasse dich von abzweigenden Pfaden nicht irritieren. Der Pfad verläuft größtenteils im Schatten und wird von vielen exotischen Obstbäumen und Gewürzpflanzen gesäumt.

moderat
1,1 km
ca. 1,5 h
Nähe Belle Vue Snack Bar
kostenlos

Aussicht vom Nid d'Aigle Nature Trail

L'UNION ESTATE

Auf dem Gelände des L'Union Estate erstreckte sich bis in die 1980er Jahre eine Kokosnussplantage. Aus dem getrockneten Kokosnussfleisch – dem sogenannten Kopra – presste man damals mit einer Mühle und einem Ochsen reines Kokosnussöl. Heute gewährt das Freilandmuseum spannende Einblicke in das Plantagenleben vergangener Zeiten: Du siehst die originale Kokosnussmühle, historische Gerätschaften und das Plantagenhaus im französischen Kolonialstil, in dem einst die Besitzerfamilien residierten.

Etwas abseits, nahe dem Parkeingang, erinnert ein alter Friedhof mit verwitterten Grabsteinen an die ersten Siedler der Seychellen. Ein weiteres Highlight sind die Aldabra-Riesenschildkröten in ihrem Gehege am Fuße des imposanten Giant Union Rock – einer der bedeutendsten Granitmonolithen der Insel. Im hinteren Parkbereich leben Hühner, Meerschweinchen und Hasen. Darüber hinaus beherbergt das L'Union Estate eine Vanilleplantage, die heute noch in Betrieb ist.

Der offizielle Zugang zum bekannten Anse Source d'Argent erfolgt ebenfalls über das L'Union Estate. Nach Entrichten der Eintrittsgebühr von 150 SCR (ca. 9 €) kannst du das Areal zu Fuß oder mit dem Fahrrad erkunden. Am südlichen Rand liegt zuerst der wenig besuchte Strand Anse Union, an dem du Glasbodenkajaks mieten kannst. Dahinter erwartet dich mit der Anse Source d'Argent der krönende Abschluss des L'Union Estate.

Für dein leibliches Wohl sorgen einige Imbissstände und ein Café. Auch Toiletten sind auf dem Gelände vorhanden.

La Réunion
täglich 6:00–17:00
€ *150 SCR (ca. 9 €)*

Vanillepflanze

ANSE SOURCE D'ARGENT

Das Markenzeichen dieses Strandes sind die imposanten Granitfelsen, die im Zusammenspiel mit dem satten Grün der Palmen, dem türkisblauen Meer und dem feinen Puderzuckerstrand das perfekte Postkartenmotiv abgeben. Kein Wunder also, dass bekannte Süßwaren- und Spirituosenhersteller hier schon ihre Werbespots gedreht haben.

Der wohl bekannteste Strand der Seychellen ist keine homogene Fläche, sondern unterteilt sich in mehrere kleine Strandabschnitte, die durch Granitfelsen voneinander getrennt und über einen Pfad miteinander verbunden sind. Das seichte Wasser lädt zum Planschen ein, und wer schnorcheln möchte, findet zwar keine Riesenriffe, aber ausreichend bunte Fische. Aufgrund der vorhandenen Korallen empfehlen sich Badeschuhe. Gelegentlich spülen die Wellen Seegras an. Entlang des Ufers sorgen einige Strandbars mit frischen Kokosnüssen, Säften und Cocktails für Erfrischung.

In der Regel sind die Strände auf den Seychellen kostenlos zugänglich, dies gilt jedoch nicht für den Superstar unter den Seychellen-Stränden. Der offizielle Zugang zur Anse Source d'Argent erfolgt über das L'Union Estate, für das eine Eintrittsgebühr von 150 SCR (ca. 9 €) zu entrichten ist. Aufgrund der Bekanntheit des Strandes ist dieser stets gut besucht; ab 11 Uhr wird es zunehmend voller. Um dem Touristentrubel zu entgehen, solltest du diesem Strand so früh wie möglich einen Besuch abstatten. Das L'Union Estate öffnet bereits um 6 Uhr morgens seine Tore.

◷ *täglich 6:00–17:00, siehe L'Union Estate*
€ *150 SCR (ca. 9 €), siehe L'Union Estate*

GRAND ANSE

Die Grand Anse beeindruckt durch ihre wilde Natürlichkeit. Ohne Schutzriff peitschen hier die Wellen mit voller Wucht ans Ufer – hohe Brandung und starke Wellen sind besonders von Mai bis Oktober allgegenwärtig. So schön der Strand auch ist, auf das Baden und Schnorcheln solltest du an der Grand Anse sicherheitshalber verzichten. Die fast durchgängig gehisste rote Fahne und mehrere Warnschilder weisen ausdrücklich auf die nicht zu unterschätzende Gefahr hin, die einigen Urlaubern bereits zum Verhängnis geworden ist. Schatten findet man hier kaum. Aufgrund des dramatischen Naturschauspiels der Wellen lohnt sich ein Besuch dennoch.

Von der Grand Anse gelangst du zu den östlich benachbarten Stränden Petite Anse, Anse Cocos und Anse Caiman. Entweder nimmst du den direkten Weg über Felsvorsprünge und Strandabschnitte oder du wählst den idyllischen Anse Caiman Nature Trail, der mal durch dichten Wald, mal entlang des Meeres verläuft. Die Grand Anse ist außerdem Startpunkt der geführten Anse Marron Hiking Tour – eine mehrstündige geführte Wanderung, die über die Anse Marron bis zur Anse Source d'Argent führt.

Zur Grand Anse gelangst du am besten mit dem Rad. Vom touristischen Zentrum in La Passe bzw. La Réunion führt dich eine ca. 20-minütige Radtour über einen moderaten Anstieg durch einen tropischen Wald. Wenn du unterwegs eine kleine Stärkung benötigst, kannst du bei Mimi's Café oder Simon's Fruit Shop anhalten. Vor Ort sorgen zwei Strandrestaurants und eine Bar für Drinks und Snacks.

GASTROTIPP

MIMI'S CAFÉ

Auf dem Weg zur Grand Anse lohnt sich ein kurzer Halt bei Mimi's Café schon allein wegen des legendären Coco Cheesecake. Auch der angebotene Kaffee ist geschmacklich gut, was auf den Seychellen keine Selbstverständlichkeit ist. Die Speisekarte beinhaltet außerdem eine gute Auswahl an Salaten, Sandwiches, Omeletts und weiteren herzhaften Speisen. Jeden Mittwoch wird ein kreolisches Abendbuffet für 500 SCR (ca. 30 €) angeboten – am besten beim Vorbeifahren gleich reservieren.

La Réunion, in Richtung südöstliche Strände

täglich 10:00–18:00

Preisbeispiele:

- *Club Sandwich and Chips 195 SCR (ca. 12 €)*
- *Coco Cheesecake 100 SCR (ca. 6 €)*
- *Cappuccino 70 SCR (ca. 4 €)*

PETITE ANSE

Hinter den Felsformationen im Osten der Grand Anse liegt die schöne, aber ebenso wilde Petite Anse. Auch an diesem Strand sind die Wellen für gewöhnlich hoch und die vorhandenen Strömungen können lebensgefährlich sein. Vor Ort gibt es eine Strandbar, die nicht immer geöffnet ist und deren Preise, je nach anwesendem Verkaufspersonal, erheblich variieren können.

ANSE COCOS

Nur eine kurze Wanderung von der Petite Anse entfernt, erwartet dich die abgelegene Anse Cocos. Die wilde Kulisse beeindruckt ebenso wie das unruhige Meer – Schattenplätze sind hier jedoch Mangelware.

Am hinteren Ende des Strandes entdeckst du zwei besondere Highlights: eine skulpturähnlich geformte Granitformation und einen von Felsen geschützten Naturpool. Die Felsbecken eignen sich hervorragend zum Baden und bieten dank ihrer Fischvielfalt beste Voraussetzungen zum Schnorcheln.

GASTROTIPP

COCO BAR

An der aus Baumstämmen und Palmwedeln zusammengezimmerten Bar werden Säfte und Cocktails frisch zubereitet. Gegen 13 Uhr ist es Zeit für das Mittagsbuffet. Dann gibt es frischen Fisch vom Grill, dazu leckeres Curry, Reis und Salat. Die traumhafte Naturkulisse und die lockere Atmosphäre passen perfekt zu den kreolischen Gerichten. Wenn du zur Mittagszeit an der Anse Cocos bist, solltest du dir dieses kulinarische Erlebnis nicht entgehen lassen.

Anse Cocos
täglich 10:00–16:00
Preisbeispiele:
- *Barbecue Mittagsbuffet 250 SCR (ca. 15 €)*
- *Cocktails 150 SCR (ca. 9 €)*
- *frische Säfte 100 SCR (ca. 6 €)*

ANSE CAIMAN

An diesem wenig besuchten kleinen Strand erwarten dich einige Schattenplätze, eine Strandbar und zwei durch Felsen geschützte Naturpools. Zwei baufällige Ruinen erinnern an die Zeit, als an dieser Stelle noch eine kleine Siedlung existierte.

Bei niedrigem Wellengang kannst du hier wunderbar baden und vor allem schnorcheln. Die Unterwasserwelt beeindruckt durch intakte Korallen und bunte Fischschwärme. Bei starkem Wellengang ist aber auch an diesem Strand unbedingt Vorsicht geboten.

Die Anse Caiman ist nicht nur über die Anse Cocos, sondern auch über eine anspruchsvollere, etwa halbstündige Wanderung von der Anse Fourmis erreichbar. Dieser Pfad beginnt dort, wo die betonierte Straße abrupt endet, und führt über etliche Felsen, Holztreppen und -leitern bis zur Anse Caiman. Wichtiger Hinweis: Bei diesem Pfad handelt es sich nicht um einen offiziellen Wanderweg. Der Weg ist verwinkelt, schlecht markiert und kann an manchen Stellen rutschig sein. Um kein Risiko einzugehen, solltest du besser von der anderen Seite, über die Anse Cocos, zur Anse Caiman wandern.

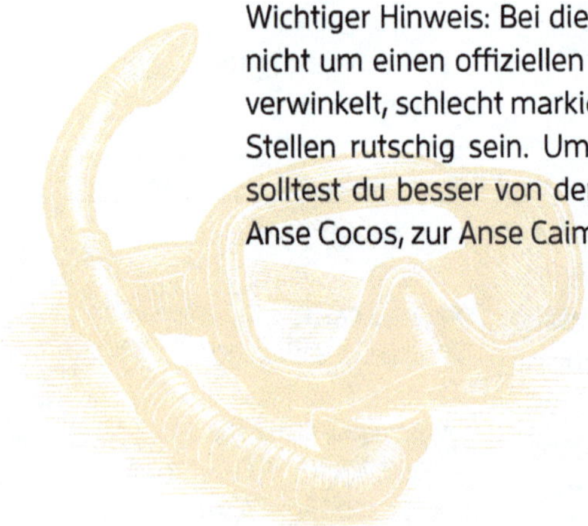

Naturpool an der Anse Caiman

GASTROTIPP

CAIMAN BEACH BAR

An der gemütlichen Strandbar herrscht eine entspannte Atmosphäre. Nach dem anstrengenden Weg zur Anse Caiman kannst du dir hier einen leckeren Fruchtsaft, eine frische Kokosnuss oder einen Cocktail gönnen. Für das leibliche Wohl wird ebenfalls gesorgt, mit Fisch vom Grill oder frischem Obst.

Anse Caiman
Mo.–Sa. 9:00–16:00, So. geschlossen

Preisbeispiele:

- *Mittagessen mit gegrilltem Fisch, Reis, Salat und Nudeln 350 SCR (ca. 21 €)*
- *Cocktails 200 SCR (ca. 12 €)*
- *frische Säfte 150 SCR (ca. 9 €)*

ANSE CAIMAN NATURE TRAIL

Um von der Grand Anse zur Anse Caiman zu gelangen, kannst du entweder den direkten Weg an den Stränden entlang und über die Felsen wählen oder du entscheidest dich mit dem Anse Caiman Nature Trail für die abwechslungsreichere Variante. Der Pfad verläuft abschnittsweise zwischen der Küste und dem Hinterland, vorbei an einem Sumpf und durch einen Wald mit Palmen, Zimtbäumen und seltenen Vogelarten. Auf der Wanderung werden flache Abschnitte immer wieder durch steile Stellen abgelöst. Gelegentlich wird deine Kondition durch Stufen und größere Felsbrocken herausgefordert. Wie auf dem direkten Weg kommst du auch auf diesem Trail an der Petite Anse und der Anse Cocos vorbei, bis du schließlich mit der Anse Caiman dein Ziel erreicht hast.

moderat
2,5 km (einfache Strecke)
ca. 1,5 h (einfache Strecke)
Grand Anse
€ *kostenlos*

ANSE MARRON HIKING TOUR

Die Anse Marron ist ein abgelegener Strand im äußersten Süden von La Digue, der nur über eine abenteuerliche Wanderung zu erreichen ist. Der Weg dorthin ist anspruchsvoll, schlecht markiert und beinhaltet einige Kletterpartien über, unter und zwischen Felsen hindurch. Falls du mit dem Gedanken spielst, diese Wanderung auf eigene Faust zu bestreiten, verwirf diese Idee bitte sofort wieder. Die Gefahr, sich zu verlaufen oder auszurutschen und im schlimmsten Fall abzustürzen, ist einfach zu hoch.

Die beiden Strandabschnitte der Anse Marron

Die Wanderung zur Anse Marron wird von einigen lokalen Tourenanbietern organisiert und von einem lizenzierten Wanderführer begleitet. Treffpunkt ist der Hubschrauberlandeplatz; von dort werden alle Teilnehmer zur Grand Anse gebracht, dem Startpunkt der Wanderung. Ziel der gut sechs- bis siebenstündigen Tour ist die Anse Source d'Argent, wobei ein ausgiebiger Badestopp mit Mittagssnack an der Anse Marron inklusive ist.

Die Anse Marron gliedert sich in zwei Bereiche: Der vordere Abschnitt ist ein klassischer Sandstrand, der aufgrund der meist hohen Wellen aber zu gefährlich zum Baden ist. Der hintere Abschnitt wird größtenteils von Felsen umgeben, wodurch sich geschützte Naturpools gebildet haben, die sich bestens zum Baden und noch besser zum Schnorcheln eignen. Die üppige Fischvielfalt macht das Unterwasser-Erlebnis unvergesslich. Von dort geht die Wanderung über Stock und Stein weiter zur Anse Pierrot und schließlich – teils durch hüfthohes Wasser – bis zur Anse Source d'Argent.

Die Anse Marron Hiking Tour erfordert ein gewisses Maß an Kondition, Körpereinsatz und Trittsicherheit. Wenn du dich fit fühlst, solltest du dir dieses Erlebnis nicht entgehen lassen. Eine große Portion Abenteuer, weitgehend unberührte Natur und unvergessliche Eindrücke sind auf dieser Wanderung garantiert.

moderat
3,9 km
ca. 6–7 h
Grand Anse
€ *Geführte Wanderung: ca. 50–60 €*

Tourenanbieter:

- *Sunny Trail Guide (www.sunnytrailguide.net)*
- *CocoTrail Guide (Buchung über www.tourbookers.com)*

ANSE SEVERE

Von La Passe aus erreichst du die Anse Severe ganz entspannt zu Fuß oder mit dem Fahrrad. Das seichte Wasser und das vorgelagerte Riff bremsen die Wellen, sodass sich hier auch ungeübte Schwimmer wohlfühlen. Am Ufer spenden viele Bäume und Palmen angenehmen Schatten. Zum Schutz vor Seeigeln und Steinen empfiehlt sich die Mitnahme von Wasserschuhen.

Auf der linken Seite neben den drei Felsen befindet sich ein Korallenriff mit zahlreichen Fischen. Manchmal kannst du dort sogar kleine Haie sehen. Auf dieser Seite der Insel lassen sich spektakuläre Sonnenuntergänge beobachten – am besten mit einem erfrischenden Getränk von einer umliegenden Strandbar.

Die Anse Severe ist außerdem das Zuhause der beiden freilaufenden Riesenschildkröten namens Mango und Papaya, die sich dort öfters unter die Touristen mischen. Aufgrund der Nähe zum touristischen Zentrum von La Digue ist der Strand etwas besser besucht, aber bei Weitem nicht überfüllt.

KARIM'S FRUIT BAR

Am nördlichen Ende der Anse Severe erkennst du die kultige Strandbar sofort an ihrem rot-gelb-grünen Tresen. Mit Blick auf das Meer und die Insel Praslin schmecken die frisch gepressten Fruchtsäfte, cremigen Milchshakes und fruchtigen Cocktails besonders lecker. Im Hintergrund sorgt Reggae für ein entspanntes Urlaubsfeeling. Als Zutaten für deinen Fruchtsaft kannst du neben Mango, Orange oder Ananas auch exotische Varianten mit Avocado, Sternfrucht oder Guave wählen. Die Cocktails werden – wie sollte es auch anders sein? – mit einem Schuss Takamaka-Rum verfeinert. Zum Snacken gibt es Kokosnussstücke, Brotfrucht- und Bananenchips oder eine Obstplatte.

Anse Severe, nördliches Strandende
täglich 9:00–18:00
Preisbeispiele:
- *Cocktails 150–200 SCR (ca. 9–12 €)*
- *Obstplatte 150 SCR (ca. 9 €)*
- *Fruchtsäfte 100 SCR (ca. 6 €)*

BIKINI BOTTOM

Die farbenfrohe Holzhütte überrascht mit einer riesigen Getränkekarte: Zwar liegen die Preise etwas höher als bei den umliegenden Strandbars, doch das Volumen im Glas stimmt dafür umso mehr. Für den kleinen Hunger gibt es eine feine Auswahl an süßen und herzhaften Snacks sowie gesunden Bowls. Diese Strandbar ist der ideale Ort, um einen entspannten Urlaubstag in gemütlicher Atmosphäre ausklingen zu lassen – vielleicht in Gesellschaft einer neugierigen Riesenschildkröte. Ausreichend Sitzgelegenheiten und schattige Plätze laden zum Verweilen ein.

Anse Severe, südliche Strandhälfte
täglich 10:00–20:00
Preisbeispiele:
- *Hummus Bowl mit Gemüse und Crackern 300 SCR (ca. 18 €)*
- *Cocktails 200–250 SCR (ca. 12–15 €)*
- *Fruchtsäfte 150 SCR (ca. 9 €)*

ANSE PATATES

Der pittoreske Strand befindet sich an der Nordspitze von La Digue direkt neben dem Hotel L'Ocean. Umgeben von vielen Palmen und zahlreichen kleinen und großen Felsen gibt die Anse Patates ein beliebtes Fotomotiv ab. Der kleine Strandabschnitt wird bei Flut noch schmaler, im Gegenzug lässt es sich dann besser Schnorcheln. Wenn du die Anse Patates in Ruhe genießen möchtest, solltest du den Strand möglichst früh am Vormittag aufsuchen, denn mit fortschreitender Tageszeit steigen die Besucherzahlen zunehmend an.

DIE STRÄNDE DER NORDOSTKÜSTE

Die Strände der Nordostküste – Anse Gaulettes, Anse Grosse Roche, Anse Banane und Anse Fourmis – sind wild und naturbelassen. Das Meer ist auf dieser Inselseite oft eigensinnig und unruhig. Baden ist, wenn überhaupt, nur in Strandnähe und mit der entsprechenden Vorsicht möglich. Die vier Strände liegen entlang der Radstraße – fahre hier bitte besonders vorsichtig, denn manchmal kreuzt eine Riesenschildkröte den Weg.

An der Anse Banane befindet sich das Restaurant Chez Jules, das als gastronomische Institution auf La Digue gilt. Beim Chez Jules gehen die Meinungen jedoch auseinander – die einen loben die Gerichte in den höchsten Tönen, die anderen bemängeln den Service und die Preise. Fakt ist: Die Lage mit Meerblick ist unschlagbar.

Die Anse Gaulettes mit der Insel Praslin im Hintergrund

DIE INSELN UM LA DIGUE

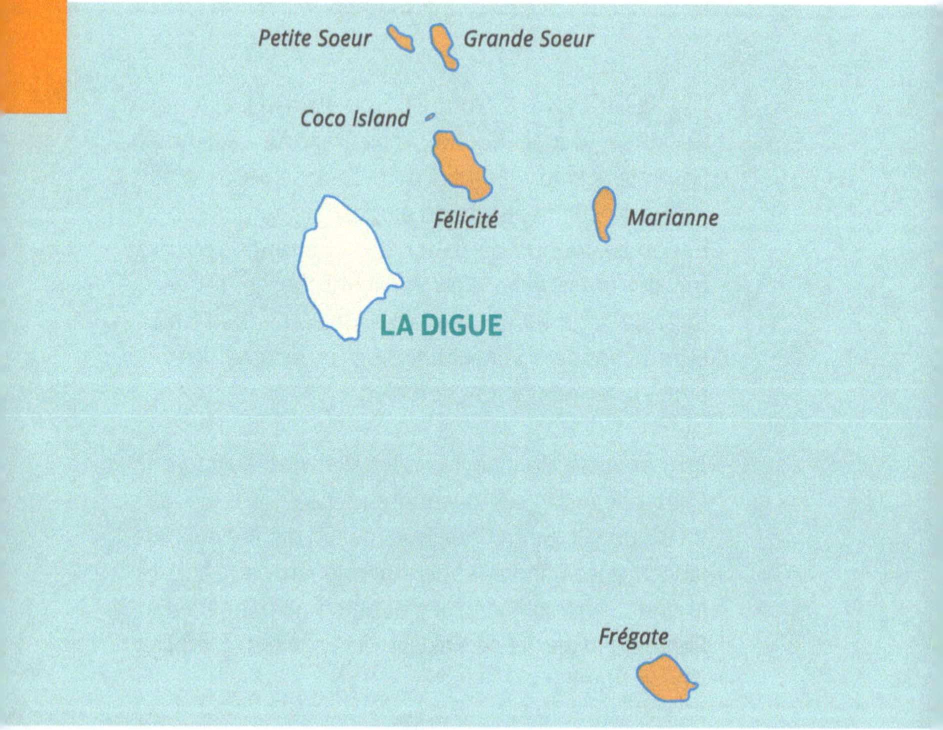

Petite Soeur, Grande Soeur und Coco Island

PETITE SOEUR

Die kleine unbewohnte Insel mit der felsigen Küstenlinie liegt etwa 6 km von La Digue entfernt und befindet sich im Privatbesitz. Dank des umliegenden Korallenriffs ist die Unterwasserwelt artenreich und bei Schnorchlern und Tauchern sehr beliebt. Zusammen mit ihrer großen Schwester Grande Soeur werden sie häufig als „Sister Islands" bezeichnet.

GRANDE SOEUR

Die malerische Insel mit den markanten Felsen befindet sich seit 2005 im Privatbesitz des Hotels Château de Feuilles auf Praslin. Unter der Woche können Tagesausflügler die Insel besuchen. An Wochenenden ist Grande Soeur für die Öffentlichkeit geschlossen und ausschließlich Gästen des Hotels vorbehalten.

Die Überfahrt von La Digue dauert ca. 20 Minuten; eine Anreise von Praslin ist ebenfalls möglich. Auf der Westseite der Insel befindet sich ein vorgelagertes Korallenriff, das sich hervorragend zum Schnorcheln eignet. Der Strand auf der gegenüberliegenden Ostseite zählt zu den schönsten Stränden, den die Seychellen zu bieten haben.

Tagesausflüge nach Grande Soeur werden meist in Kombination mit einem Barbecue und Schnorchelstopps vor Coco Island und Félicité angeboten. Die Eintrittsgebühr von 600 SCR ist bei den meisten Anbietern bereits im Preis enthalten. Auch Halbtagesausflüge können gebucht werden.

🕒 Mo.–Fr. für die Öffentlichkeit, Sa.–So. nur für Gäste des Hotels Château de Feuilles

€ Eintritt: 600 SCR (ca. 36 €) Tagesausflug: ca. 145–180 € p. P. (je nach Paketinhalt)

Tourenanbieter:

- *Surfari Seychelles (www.surfariseychelles.com)*
- *Kevan Boat Charter (Buchung über www.tourbookers.com)*
- *Nevis Ernesta/Zico Boat Excursions (Buchung über www.tourbookers.com)*

COCO ISLAND

Auf der winzigen unter Naturschutz stehenden Felseninsel gibt es einen kleinen Strand, etliche markante Granitformationen und Bäume, auf denen Vögel und Fledermäuse beheimatet sind. Das umliegende Riff wurde leider an vielen Stellen durch die Korallenbleiche beschädigt. Beim Schnorcheln sind dennoch viele Fische zu sehen.

Ein Schnorchelstopp vor Coco Island ist oft als Programmpunkt in den Tagesausflügen lokaler Tourenanbieter enthalten. Der Eintrittspreis von 200 SCR (ca. 12 €) ist im Ausflugspaket meistens inklusive.

täglich 9:00–17:00
€ *Eintritt: 200 SCR (ca. 12 €)*
Tagesausflug: siehe Grande Soeur

Barrakudas vor Marianne

FÉLICITÉ

Im 19. Jahrhundert wurde der Sultan von Perak, einem malaysischen Bundesstaat und Sultanat, für zwölf Jahre auf diese nicht einmal 3 km² große Insel verbannt. Heute befindet sich auf der Privatinsel das Six Senses Zil Pasyon Resort mit 30 exklusiven Villen, die in die tropische Pflanzenwelt eingebettet wurden. Das vorgelagerte Korallenriff ist aufgrund der beeindruckenden Fischvielfalt ein beliebtes Ausflugsziel und wird regelmäßig von lokalen Tourenanbietern im Rahmen eines Tagesausflugs angefahren.

€ *Tagesausflug:*
siehe Grande Soeur

MARIANNE

Auf der nicht ganz 1 km² großen Insel gab es bis in die 1970er Jahre eine Kokosplantage und eine kleine Siedlung mit knapp 600 Einwohnern. Heute ist die dicht bewachsene Insel unbewohnt und befindet sich im Privatbesitz. Um die Insel gibt es schöne Tauch- und Schnorchelplätze.

FRÉGATE

Die etwas mehr als 2 km² große Privatinsel mit ihren sieben Stränden liegt rund 25 km südlich von Praslin. Im 17. Jahrhundert trieben hier Piraten ihr Unwesen. Heute befindet sich auf der Insel eines der exklusivsten Luxusresorts der Seychellen, das jedoch aufgrund von Renovierungsarbeiten bis 2026 geschlossen ist. Die Insel ist nur Gästen des Hotels vorbehalten und daher für die Öffentlichkeit nicht zugänglich. Angeblich sollen auf Frégate über 2 000 Riesenschildkröten leben.

Coco Island

10 KURIOSE FAKTEN ZUM SCHLUSS

1 Mit einer Fläche von 455 m^2 sind die Seychellen das kleinste Land Afrikas.

2 Bei deiner Ein- und Ausreise erhältst du einen Stempel in deinen Reisepass, der die Form einer Coco de Mer hat.

3 Die Farben auf der Flagge der Seychellen haben folgende symbolische Bedeutungen:
Blau: Himmel und Meer
Gelb: Sonne
Rot: das Volk der Seychellen
Weiß: soziale Gerechtigkeit und Harmonie
Grün: Land und Vegetation

4 Auf den Seychellen wächst in den höhergelegenen Regionen zwar Kaffee, unter Seychellois erfreut sich Tee jedoch größerer Beliebtheit.

5 Die Seychellen haben den Naturschutz in ihrer Verfassung verankert.

6 Esmeralda ist mit einem Alter von schätzungsweise über 200 Jahren die älteste Riesenschildkröte der Seychellen. Die 1,80 Meter lange Schildkröte wiegt um die 300 kg, ist ein Männchen und lebt auf Bird Island.

7 Auf den Seychellen werden mehrere Piratenschätze vermutet, u. a. am Beau Vallon und auf den Inseln Moyenne und Cerf. Bisher verliefen alle Suchaktionen erfolglos.

8 In den Gewässern rund um die Seychellen sind mehr als 1 000 Fischarten beheimatet.

9 Auf den Seychellen gibt es mehr als 200 endemische Pflanzenarten, darunter den Jellyfish Tree mit seinen quallenartigen Früchten, der nur auf Mahé wächst und dort vor allem im Morne Seychellois National Park.

10 Zu Beginn der Kolonialzeit lebten Salzwasserkrokodile auf den Seychellen. Die bis zu fünf Meter langen Raubtiere wurden von den Siedlern über Jahre hinweg systematisch ausgerottet. Vor dem Natural History Museum in Victoria erinnert eine Skulptur an die ausgestorbene Spezies.

Gute Reise
und
einen schönen Urlaub!

Dieses Buch ist mit viel Herzblut im Selbstverlag nach einem erlebnisreichen Urlaub auf den Seychellen entstanden.

Ich hoffe, dass ich dir mit diesem Reiseführer einige Tipps und Inspirationen für die Planung deines eigenen Insel-Abenteuers mitgeben konnte.

Wenn du ein paar Minuten Zeit hast, würde ich mich sehr über eine Rezension auf Amazon freuen. Mit deinem Feedback unterstützt du mich als Autorin und hilfst anderen Seychellen-Urlaubern, sich ein besseres Bild von diesem Reiseführer zu machen.

Vielen Dank für deine Unterstützung!

REGISTER

BILDNACHWEIS

S. 2 (Anse Source d'Argent): proslgn/Shutterstock.com; S. 3 (Anse Major): Cocotier Tours/Shutterstock.com; S. 4 (Vallée de Mai): proslgn/Shutterstock.com; S. 5 (Fahrrad am Strand): GagliardiPhotography/Shutterstock.com; S.6/7 (Anse Source d'Argent): proslgn/Shutterstock.com; S. 10 (Sainte Anne): Iryna Shpulak/Shutterstock.com; S. 12 (Seychellen-Flagge, Anse Cocos): Vaclav Volrab/Shutterstock.com; S. 13 (Anse Lazio): Gabriele Maltinti/Shutterstock.com; S. 14 (Wegweiser): eigene Aufnahme; S. 15 (Coco de Mer): Sergey Chips/Shutterstock.com; S. 16 (Riesenschildkröten): Soloviova Liudmyla/Shutterstock.com; S. 18 (Anse Forbans): eigene Aufnahme; S. 18 (Riesenschildkröte): Gabriele Maltinti/Shutterstock.com; S. 19 (Kokosnuss): eigene Aufnahme; S. 19 (Doktorfisch): kaschibo/Shutterstock.com; S. 21 (Luftansicht Straße): Jenny Sturm/Shutterstock.com; S. 22 (Liegestühle am Strand): icemanphotos/Shutterstock.com; S. 23 (Fisch-Curry): Fanfo/Shutterstock.com; S. 26 (Sonnencreme/-brille/-hut): Oksana Mizina/Shutterstock.com; S. 27 (Straße am Strand): Lucky-photographer/Shutterstock.com; S. 28 (Bushaltestelle): Khalid Abdulaziz/Shutterstock.com; S. 29 (Fahrrad): eigene Aufnahme; S. 30 (Meeresschildkröte und Schnorchler): Will Falcon/Shutterstock.com; S. 31 (Bank am Anse Major Trail): Artem Stepanov/Shutterstock.com; S. 33 (Curry): TrendyTees Studio/Shutterstock.com, bearbeitet von Manu Ancutici; S. 33 (gegrillter Fisch): amakara/Shutterstock.com, bearbeitet von Manu Ancutici; S. 34 (Samosas): TrendyTees Studio/Shutterstock.com, bearbeitet von Manu Ancutici; S. 34 (Trinkkokosnuss): cosmicanna/Shutterstock.com, bearbeitet von Manu Ancutici; S. 35 (Tasse Tee): Daria Ustiugova/Shutterstock.com, bearbeitet von Manu Ancutici; S. 36/37 (Frucht-Illustrationen): KI-generiert mithilfe ChatGPT/Sora, bearbeitet von Manu Ancutici; S. 41 (Hochzeit am Strand): Fedor Selivanov/Shutterstock.com; S. 43 (Papierverpackungen): Kononov Oleh/Shutterstock.com; S. 44 (Boote): Richard Whitcombe/Shutterstock.com; S. 46/47 (Vallée de Mai): Gabriele Maltinti/Shutterstock.com; S. 50 (Hängematte am Strand): Jenny Sturm/Shutterstock.com; S. 51 (Packliste-Illustrationen): KI-generiert mithilfe ChatGPT/Sora, bearbeitet von Manu Ancutici; S. 53 (Koffer): Ftiare/Shutterstock.com; S. 61 (Flughund): photoJS/Shutterstock.com; S. 61 (Schraubenbaum): Kletr/Shutterstock.com; S. 62/63 (Anse Major): Cocotier Tours/Shutterstock.com; S. 67 (Victoria): Lucky-photographer/Shutterstock.com; S. 69 (Clock Tower): dvoevnore/Shutterstock.com; S. 69 (Stand mit Früchten): 22Images Studio/Shutterstock.com; S. 69 (Hindutempel): Mirelle/Shutterstock.com; S. 70 (Wasserbananen): Rytis Bernotas/Shutterstock.com; S. 70 (Riesenschildkröte): Sergey Chips/Shutterstock.com; S. 70 (Blüte): Rytis Bernotas/Shutterstock.com; S. 71 (Coco de Mer): IndustryAndTravel/Shutterstock.com; S. 73 (Gewürze): Subbotina Anna/Shutterstock.com; S. 75 (Kochzutaten): pong-photo9/Shutterstock.com; S. 77 (Gewürze): Maurizio Photo/Shutterstock.com; S. 77 (Schals): Kuznetsov Alexey/Shutterstock.com; S. 78 (Eden Island Yachthafen): Oleg GawriloFF/Shutterstock.com; S. 79 (Eden Island Luftaufnahme): GagliardiPhotography/Shutterstock.com; S. 81 (Grillfische): lr.s/Shutterstock.com; S. 82 (Coco de Mer): El Paco 33/Shutterstock.com; S. 84 (Takamaka-Rum): © Dario Didon/Trois Freres Distillery; S. 85 (Gewürze): Tara Abdillah/Shutterstock.com; S. 87 (Anse Royale): ByDroneVideos/Shutterstock.com; S. 88 (Shrimps): Kondor83/Shutterstock.com; S. 90 (Muskatnüsse): Albert Schweitzer/Shutterstock.com; S. 91 (tropischer Wald): Gabriele Maltinti/Shutterstock.com; S. 92 (Anse Forbans): eigene Aufnahme; S. 94 (Kokosnusswasser): © Coco Farm; S. 94 (Kokosnüsse): id-art/Shutterstock.com; S. 96 (Anse Intendance): Igor Tichonow/Shutterstock.com; S. 98 (Boote am Strand): JFFotografie/Shutterstock.com; S. 99 (Anse Takamaka): fokke baarssen/Shutterstock.com; S. 101 (Baie Lazare): Jenny Sturm/Shutterstock.com; S. 104 (Cap Lazare Nature Reserve): © Creole Travel Services; S. 104 (Vogel): Cocotier Tours/Shutterstock.com; S. 104 (Roter Ingwer): yosmoes815/Shutterstock.com; S. 106 (Petite Anse): Alexey Oblov/Shutterstock.com; S. 106 (Kajaks, Petite Anse): haveseen/Shutterstock.com; S. 108 (Anse Soleil mit Palmenwald): Simon Dannhauer/Shutterstock.com; S. 109 (Palmenzweige an der Anse Soleil): Oleg Znamenskiy/Shutterstock.com; S. 111 (Anse La Mouche): Iryna Shpulak/Shutterstock.com; S. 113 (Fruitshi™): © Vallée des Fruits; S. 113

(Sternfrüchte): tolotola/Shutterstock.com; S. 114 (Port Launay Beach): kubais/Shutterstock.com; S. 117 (Aussichtsplattform Morne Blanc Trail): Cocotier Tours/Shutterstock.com; S. 118 (Kannenpflanze): Stefano Rulli/Shutterstock.com; S. 118 (Morne Seychellois): Cocotier Tours/Shutterstock.com; S. 121 (Trois-Frères-Berge): Iryna Shpulak/Shutterstock.com; S. 121 (Dans Gallas Trail): Authentic travel/Shutterstock.com; S. 121 (Anse Major): federico neri/Shutterstock.com; S. 123 (Sonnenuntergang): Massimo Pizzotti/Shutterstock.com; S. 125 (Beau Vallon): eigene Aufnahme; S. 127 (Blätter und Blüten): Cocotier Tours/Shutterstock.com; S. 129 (Moyenne, Long, Cerf und Round): ByDroneVideos/Shutterstock.com; S. 130 (Pufferfisch): blue-sea.cz/Shutterstock.com; S. 131 (Riesenschildkröte auf Moyenne): Veranika848/Shutterstock.com; S. 133 (Thérèse): Igor Tichonow/Shutterstock.com; S. 133 (Frangipani): Bety X/Shutterstock.com; S. 135 (Silhouette): eigene Aufnahme; S. 136/137 (Vallée de Mai): proslgn/Shutterstock.com; S. 140 (Baie Sainte Anne): Artem Stepanov/Shutterstock.com; S. 142 (Grillfische): Filippo Carlot/Shutterstock.com; S. 143 (Coco-de-Mer-Palme): Authentic travel/Shutterstock.com; S. 144 (Coco-de-Mer-Frucht): Mirelle/Shutterstock.com; S. 145 (Flughund): Cocotier Tours/Shutterstock.com; S. 145 (Gecko): Guillaume Angleraud/Shutterstock.com; S. 147 (Black Parrot): Wirestock Creators/Shutterstock.com; S. 147 (Kokospflaume): Natali22206/Shutterstock.com; S. 148 (Aussicht Fond Ferdinand): ReneGamper/Shutterstock.com; S. 150/151 (Grand Anse): Gabriele Maltinti/Shutterstock.com; S. 152 (Curry): Indian Food Images/Shutterstock.com; S. 155 (Anse Georgette): Filip Fuxa/Shutterstock.com; S. 156 (tropische Früchte): albertrasо/Shutterstock.com; S. 158 (Anse Lazio): eigene Aufnahme; S. 160 (Anse Boudin): Filip Fuxa/Shutterstock.com; S. 162 (Anse Volbert): Gabriele Maltinti/Shutterstock.com; S. 164 (Wanderpfad Curieuse): Authentic travel/Shutterstock.com; S. 166 (St. Pierre): Marco Catta/Shutterstock.com; S. 167 (Cousine): eigene Aufnahme; S. 168 (Seychellen-Rohrsänger): COULANGES/Shutterstock.com; S. 169 (Seychellendajal): Massimiliano Finzi/Shutterstock.com; S. 170/171 (Fahrrad am Strand): GagliardiPhotography/Shutterstock.com; S. 174 (Fähr- und Jachthafen, La Digue): Sergey Chips/Shutterstock.com; S. 176 (Shrimps): Andrea Izzotti/Shutterstock.com; S. 176 (tropische Früchte): Davide Chiaramonte/Shutterstock.com; S. 178 (Cocktail am Strand): Lichtwolke/Shutterstock.com; S. 181 (Aussicht Nid d'Aigle): Authentic travel/Shutterstock.com; S. 183 (Kokosnüsse): michel arnault/Shutterstock.com; S. 183 (Riesenschildkröten): Cocotier Tours/Shutterstock.com; S. 183 (Vanillepflanze): Kittisak Chysree/Shutterstock.com; S. 184 (Anse Source d'Argent Luftansicht): Gabriele Maltinti/Shutterstock.com; S. 185 (Anse Source d'Argent Seitenansicht): Simon Dannhauer/Shutterstock.com; S. 187 (Grand Anse): eigene Aufnahme; S. 188 (Petite Anse): eigene Aufnahme; S. 189 (Anse Cocos): Jenny Sturm/Shutterstock.com; S. 191 (Anse Caiman): Iryna Shpulak/Shutterstock.com; S. 193 (tropischer Wald): Authentic travel/Shutterstock.com; S. 193 (Palmen und Sumpf): eigene Aufnahme; S. 194 (Anse Marron): Igor Tichonow/Shutterstock.com; S. 196 (Anse Severe): Delpixel/Shutterstock.com; S. 197 (Rum-Kokosnüsse): eigene Aufnahme; S. 198 (Anse Patates): Delpixel/Shutterstock.com; S. 199 (Anse Gaulettes): eigene Aufnahme; S. 200 (Petite Soeur, Grande Soeur, Coco Island): KellySHUTSTOC/Shutterstock.com; S. 202 (Barrakudas): Massimiliano Finzi/Shutterstock.com; S. 203 (Korallenriff): Tunatura/Shutterstock.com; S. 203 (Coco Island): Tomacrosse/Shutterstock.com; S. 204 (Anse Source d'Argent): proslgn/Shutterstock.com; S. 206/207 (Seychellen-Illustrationen): Olena Shkavron/beauftragt über Fiverr

Hintergrund-Illustrationen (S. 1, 2, 3, 4, 5, 6, 11, 17, 24, 38, 40, 42, 46, 52, 55, 56, 59, 60, 62, 74, 78, 80, 83, 89, 95, 102, 105, 107, 110, 112, 115, 116, 122, 126, 130, 136, 144, 146, 149, 153, 154, 157, 159, 161, 170, 179, 180, 182, 186, 188, 190, 192, 195, 196, Umschlagsrückseite): KI-generiert mithilfe ChatGPT/Sora, bearbeitet von Manu Ancutici

KARTENNACHWEIS

S. 8/9 (Karte Seychellen): Monika Hunackova/Shutterstock.com, bearbeitet von Manu Ancutici; S. 64/65 (Karte Mahé): Rainer Lesniewski/Shutterstock.com, bearbeitet von Manu Ancutici; S. 66 (Stadtplan Victoria): Briar Jones/beauftragt über Fiverr; S. 128 (Karte Mahé und Inseln): Rainer Lesniewski/Shutterstock.com, bearbeitet von Manu Ancutici; S. 138/139 (Karte Praslin): Rainer Lesniewski/Shutterstock.com, bearbeitet von Manu Ancutici; S. 164 (Karte Praslin und Inseln): Monika Hunackova/Shutterstock.com, bearbeitet von Manu Ancutici; S. 172/173 (Karte La Digue): © OpenStreetMap Contributors, https://www.openstreetmap.org/copyright und Monika Hunackova/Shutterstock.com, bearbeitet von Manu Ancutici; S. 200 (Karte La Digue und Inseln): Monika Hunackova/Shutterstock.com, bearbeitet von Manu Ancutici

RECHTLICHE HINWEISE

IMPRESSUM

Herausgeber und verantwortlich für den Inhalt:
Barbara Gast
c/o Postflex #9243
Emsdettener Str. 10
48268 Greven
Bitte keine Pakete oder Päckchen – Annahme wird verweigert.
E-Mail: trin.travel@outlook.de

Autorin: Johanna Trinidad (vertreten durch Barbara Gast)
Lektorat und Korrektorat: Sandra Pichler
Gestaltung und Satz: Manu Ancutici
Cover: KI-generiert mithilfe von ChatGPT, bearbeitet von Manu Ancutici

1. Auflage 2025

Hast du Anregungen, Ergänzungen oder Tipps, die diesen Reiseführer noch besser machen könnten? Dann schreib gern eine E-Mail an trin.travel@outlook.de.